我是賣豆腐的，
所以我只做豆腐。

僕はトウフ屋だからトウフしか作らない

新経典文化
ThinKingDom

小津安二郎一二〇週年紀念收錄

重新再看小津安二郎

侯孝賢

一九八五年我拍完《童年往事》，十一月隨《冬冬的假期》參加法國南特影展，卻在巴黎阿薩亞斯女友的家住了近一個月，為等遲遲未寄達的《童年往事》拷貝。當時貝沙洛影展主席馬可．穆勒也在巴黎，跟我講有一部「小律」的電影一定要看。馬可說一口道地的普通話，年輕時是義大利共產黨，到中國念書碰上文化大革命待了七年。他把小津說成小律。

我們看的是小津的默片《我出生了，但……》，以及一部中國四〇年代的片子《烏鴉與麻雀》，被我叫成 two birds。這是我第一次看小津電影，很喜歡。看完一直模仿電影裡鬼心眼弟弟金雞獨立的頑皮動作，回臺灣逢人就講。大家看我中邪般的模仿好笑，引起了興趣，竟也在錄影帶店找到《秋刀魚之味》，互相傳看，爆發了一陣小津熱，便很快從香港友人那裡錄來《我出生了，但……》，大家看得入迷，就又找到《東京物語》、《早安》，之後陸陸續續，能看到的帶子都看了。最喜歡的是《晚春》，小津四十六歲時拍的，透徹極了，厲害。

早年我常常遇到人問，有沒有受到小津電影的影響，最顯而易見的當然是指小津不移動的固定鏡頭，因此還被人戲稱為「不動明王」。問的多了，看場合我就乾脆回答：「因為懶。」結果哄堂大笑，賓主盡歡。

如眾所皆知，小津一直只使用一種鏡頭，攝影機離地板數十公分高，保持與角色坐在榻榻米上的平行角度來拍攝。由於日本人在榻榻米上生活，若用高踞在腳架上的攝影機來觀察這種生活，是不真實的，而須以盤坐在榻榻米上日本人的視線水平，來觀察他們四周的人、事、物。小津鏡頭少移動，到了晚年幾乎不動，唯一的標點符號是跳接。這個說法，臺灣似乎僅有的一本小津研究翻譯書，作者唐納．瑞奇（Donald Richie）說，這是一種靜觀的眼界，一種傾聽和注視的態度，這和一個人在觀賞能樂、在做茶道或花道的時候，所採取的姿態是相同的。

至於以前我的不動，是因為我喜歡用非演員。而非演員，最好不要驚動他們。不能太靠近。若架了軌道拍到他們面前，他們就不見了。所以用中景，拍得長，讓他們在我給的環境材料裡活動，我儘量捕捉而已。為了捕捉真實，重組真實，以及對真實無以名之的偏執，就變成這樣不動了。

著迷於真實到偏執的地步，是我拍片最痛苦的地方。年紀愈大愈偏執，愈不能讓渡，過關。我常說電影在腦中想的時候是活的，卻死於劇本的紙上作業，在拍攝當下復活了，又死於底片，然後在剪接裡再次復活。而我的急性子往往等不到劇本弄好就拍，自認角色活了，電影就成立了，至於劇情疏陋，下一部再努力吧。所以我也不試戲，直接就拍。或者說，用底片試戲。這方面比我更走到極端不計血本的，是王家衛，他用底片當草稿。

七〇年代我做過場記、副導演、編劇，當時拍一部電影約用兩萬五千呎底片。（一部九十分鐘的電影是八千一百呎。）我開始執導以後，就自覺地不要被底片綁住，大概用到四萬呎，每每一捲四百呎讓它一個鏡頭（take）跑完。這次為小津一百歲冥誕紀念赴日本拍日語片，用了十六萬呎，經常一捲一千呎一鏡跑完。或譬如《海上花》開場的飯局，鋪了軌道緩慢移動推近，九分鐘的戲一鏡到底，完全看場面調度了。

一九九八年底，東京舉辦一場小津展與討論會，是攝影師厚田雄春的後人捐贈了一批膠捲，乃小津的默片《那夜的妻子》（一九三〇），經過清洗整理後公開放映。同時，在東京大學的總合研究博物館展出厚田跟小津的文物，校長蓮實重彥邀我和小說家朱天文參加，並發言。

大家都知道，小津電影的低角度攝影，對攝影師來說是一個負擔，長時間把肚皮貼在冰涼的地板上拍攝，茂原英雄就把身體弄壞了。據說接任的厚田雄春之所以撐了那麼久，是虧得他天生有一副強健過人的胃。

那次展出，我看到厚田跟小津的筆記，一概整齊沒廢字。尤其小津，巴掌大的手冊，密密爬滿了鉛筆螞蟻字，乾乾淨淨，叫人咋舌。小津的分鏡劇本，每個鏡頭都附注著鏡頭幾秒鐘，底片多少，總長多少，共需底片多少，清楚到不能再清楚。我記得是用底片兩萬呎，這有點嚇人。最近我才知道，當時是片廠制度，廠裡的公佈欄表格公佈公司所屬導演每個人的底片使用量，可見壓力多大。

不過我想，就算沒有這個壓力，小津也是習慣於像工程師的計算精確。他的分鏡表如此縝密，經濟。他的電影形式是用來激發感情的同時，節制感情，節制到幾乎不露感情。他拍片現場奇異的安靜，聽說只有一次怒斥過一名太過火的演員：「高興就又跑又跳，悲傷就又哭又喊，那是上野動物園猴子幹的事。流行歌詞，笑在臉上，哭在心裡。說出心裡相反的言語，做出心裡相反的臉色，這才叫人哪。」

小津生於一九〇三年十二月十二日，一九六三年同日辭世，今年冥誕一百週年，全世界都在辦小津展。他一生拍了包括短片共五十四部電影，當時在日本，他的劇情片部部賣座，有幾部還是年度十大賣座前幾名。然而世界並不太知道他，直到八〇年代法國發現了他，大力推介才廣為人知。這回臺灣電影文化協會策劃，把小津現存所有三十五釐米拷貝的作品，三十六部，一口氣全弄來臺灣放映，如此大手筆，連幾個大影展都不見得能辦，令我們真感到驕傲。因為難得，我希望不但是電影人口能看到這些片子，非電影人口，特別是我上一代的老公公老婆婆也能看到，會讓他們想起自己的年少歲月罷。

小津曾說：「我拍不出來的電影只有兩部，那是溝口的《祇園姊妹》，和成瀨的《浮雲》。」這次策展，就一起放映了溝口健二的兩部片子，以及成瀨巳喜男的五部片子。

說老實話，有時候我好像喜歡成瀨更勝過小津。而成瀨的被世界所知，比小津，又更晚了十年。朱天文曾寫過兩人的不同。她說小津簡潔的風格，獨創的景框（frame）是數學的，幾何的，在垂直線和平行線裡梭織著感情。她說小津靜觀，思省；成瀨卻自己參與在內，偕運命同流轉，多了顏色，更無痕跡。我曾看到雜誌上登列導演們心目中的第一名，王家衛的是成瀨的《浮雲》。

這次還放映溫德斯的紀錄片《尋找小津》。近幾年大家都著迷溫德斯的《樂士浮生錄》，記錄了那批華麗又差不多快絕種的古巴老藝人。昔日，溫德斯也採訪到厚田雄春。厚田說：「小津去了，我的心也跟他去了……我把人生的黃金歲月都給了他。我很高興也許全世界沒有一個攝影師能夠像我這樣，小津得到了我的最好的……」訪問在厚田動容起來，不斷抱歉，哽咽不成聲中結束。

（本文原收錄於《尋找小津：一位映畫名匠的生命旅程》，由臺灣電影文化協會於二〇〇三年十二月出版。）

導讀

生活的，小津安二郎

易智言

讀《我是賣豆腐的，所以我只做豆腐》之前，小津安二郎還是偶像。

小津安二郎共拍了五十四部電影（其中一部是紀錄片），但是始終都非常日本在地，直到晚年才突然被世界如獲至寶地發現，身後更被追封為影史十大重要導演之一，於是他墓碑上大大的「無」字顯得特別寂寞。小津安二郎的電影中以作者論的聲音，反覆探討家庭、婚姻、人生在世必須順時變遷的知天命哲學，於是顯得他與母親相伴、一生未婚的恆常中帶有些叛逆的遺憾。小津安二郎的電影形式極簡到拙，只運用寥寥幾項基本元素，但是卻可能擁有最多電影專有名詞：「榻榻米角度」、「枕頭鏡頭」、「小津式省略敘事」。懷才未遇，自我補述，少即是多，天才創作人宿命浪漫化，完全是偶像素材。

但是在讀完《我是賣豆腐的，所以我只做豆腐》之後，小津安二郎很難再作偶像。

小津安二郎解釋「榻榻米角度」是「地板上到處是電線，所以乾脆不拍地板，將攝影機朝上。」小津安二郎描述單身是「對於女孩，我不介意日本傳統髮型或是時髦捲髮。」八年抗戰在中國當兵的小津安二郎更寫到「經不起踩的嬰兒就在行軍隊伍中天真嬉戲。」「在窗外的洋槐樹根下小完便，就要睡了。」電線很麻煩，傳統時髦都好，行軍踩過華東的阿兵哥，當偶像混入了現實主義的寫實，很難再當偶像。

閱讀《我是賣豆腐的，所以我只做豆腐》幾乎是個去神話、失樂園的震撼過程。「生活的」小津安二郎摧毀了「偶像」小津安二郎，宛如青少年時期發現父親不只是父親，其實更是個平凡的男人，只因為知道太多秘密。或許這正是生命必經的過程，或許這也是小津安二郎留下這些斷簡殘篇的初衷，讓我們因深刻地瞭解而能夠平等相待，重新建立人和人之間的關係。「只有立於積極肯定精神下的現實主義，才能如實去看清實際存在的事物。」當年小津安二郎對於未來創作方向如是說。

二〇一三年二月六日

本書集結小津安二郎的隨筆、訪談整理稿中以人生為主題的文字，共收三十九篇文章、十四封信件。編選依主題共分五輯。

目次

第三輯

在戰地思考電影

第四輯
來自戰地的信件

第五輯
活在對電影的愛情中

第一輯

我的導演之路

●

只要精神允許，

我會一邊小酌喜歡的酒，

一邊以小津調繼續拍電影吧……

一盤咖哩飯——處女作前後

現在年輕人要成為獨當一面的導演很困難，但我實在幸運，竟然因為一盤咖哩飯就當上導演。片廠還在蒲田的時候，我是大久保忠素導演的助理。那個年代的導演威風八面，但是導演身旁的助理卻有如雜工，一手包辦大大小小的事務，非常繁忙，連抽菸的時間都沒有。所以老是肚子餓，唯一的享受就是吃飯。

有一天，拍攝作業一拖再拖，到了晚餐時間還沒結束。我既餓又累，可是大久保導演還指示這、指示那的不肯收工。我越來越氣，忍不住連「就算趕夜班也拍不出什麼好電影」的抱怨都說出口了。

好不容易終於敲鐘收工，總算能吃晚飯。餐廳依早到順序供餐，先坐到位子的人可先用餐，於是我急忙找個位子坐下。

熱氣騰騰的咖哩飯，從餐桌那頭依序發過來，咖哩香氣撲鼻。當我滿嘴口水、眼巴巴看著就要傳到我面前時，導演正好走進餐廳坐下。我直覺下一個就該發給我，可是盤子落在導演的桌上。我氣得大吼：「按順序！」馬上有人反應：「助理的往後挪才對！」什麼話！我轉頭看清楚是哪個傢伙後，起身就要揍他，結果被旁人拉住。但我還是繼續怒吼：「上飯，按順序！」我最後還是吃到了一盤分量充足的咖哩飯。

後來，這件事傳到當時的廠長城戶四郎耳裡，他大概覺得這個傢伙很有趣。隔月，就要我「拍部片子來看看」，於是我拍了古裝劇《懺悔之刃》。不是頭腦優秀，也不是才華受到賞識，我只是託了一盤咖哩飯的福。那是一九二七年春天發生的事。

——《電影旬報》，一九五〇年三月上旬號

我的導演之路

或許是電影導演這個行業看起來有趣又能賺大錢，常常有人對我說：「我想當導演。」我自己也是因為喜歡，才走上這條路，別人怎麼想我無法多說什麼，但可以確定的是，做這一行除了可以滿足興趣，還能賺錢謀生，只不過真的要出人頭地，需要很大的耐性和運氣。先是進入電影公司就非常困難；接著，助理生活苦熬十年、十五年都是家常便飯；至於最後能否成事，不實際做還無法見真章。

這恐怕比學業完成後自立開業當醫生的機率還低。對於明知狀況但仍堅持要當導演，又不知道該磨練什麼的學生，我必定這麼回答：「先做好學生的本分，把書讀好，再來談導演要完成什麼樣的修業。」

然而，老實說我真的不清楚導演該做什麼功課。博覽群書或許必要，不懂為人處事也不行，還需要特別的專業知識。以我來說，雖然志在當導演，但當時導演部已額滿，於是被派到攝影部從助理做起，反而成了很好的學習。當時是默片時代，我做了不少助理工作，最多的是剪接，對我後來很有幫助。早些年做剪接，不像現在是由專人按照劇本，直接在初拷正片（毛片）上剪接；而是先在負片上粗剪過，再沖洗成正片、加以拷貝，再進行更仔細的精剪，過程極為繁複。加上因為常常要趕著上映，一個人忙不過來時，大家就分工合作，各拿一捲拷貝剪接。各自剪接的結果，不是把一段長戲剪得順序顛倒，就是動到插入字幕的剪接點；甚至有時候會發生一號拷貝有八千呎、但三號拷貝只有六千呎的狀況。

這種只要剪接完就沒事的工作，其實挺輕鬆愜意。我就是在那段期間藉由剪接技巧的磨練，搞懂電影的剪輯效果及文本架構。

這助理工作還有一個附加好處：我雖然屬於攝影部，但一心一意希望當上導演，所以在攝影部被當成機動人員，有很多空閒的時間，讓我能從旁觀察導演的工作。可是薪水很低，二十五圓。儘管物價便宜，但這點錢連買香菸都不夠。不過我也會想辦法多接些剪接工作。另外晚上總有幾個劇組在拍戲，只要到那邊逛逛，招呼一聲「喂，拜託啦！」，就能弄到夜班津貼。這樣東拼西湊也有四、五十圓，零用錢總算有了著落。

就這樣好不容易熟悉了片廠的氣氛時，我卻入伍當了一年志願兵。退伍後終於轉到導演部，最早跟的就是大久保忠素導演。當時他有三位助理導演，為首的是齋藤寅次郎，其次是佐佐木啟祐，我當然是資歷最淺的那個。大久保導演專拍喜劇，門下出了這位齋藤導演自是當然，但也出了我這樣的導演，就不免有點奇怪。不過，我早期拍了不少喜劇，《太太不見了》、《搬家的夫婦》、《肉體美》、《寶山》、《突貫小僧》等，都是昭和三、四年間（註：昭和元年為一九二六年。）的作品。

話說從前，在大久保導演底下工作時，曾有意想不到的機運，直到現在我才敢說。當時大久保導演常常鬧肚子痛而休息，丟下一句「交給你們了」

之類的話，人就消失無蹤。他離開後，我們三位助導便得一起商量怎麼拍完，我因此有幸在助導時代就實際體驗到導演的工作。

同一時期我也開始寫劇本。這正是默片時代電影蓬勃發展的需求所致，畢竟每星期都要趕著出時裝片、古裝片和喜劇短片，不只編劇，就連導演也得經常提出有趣的大綱和腳本。每當大久保導演問「來點什麼吧？」時，我總會忍不住兼差賺錢的誘惑，於是跟大家討論，完成許多劇本。這無疑對後來的我幫助不少。

這個年代的日本電影觀眾品味低俗，我們不得不跟著調整劇本。但是低俗歸低俗，只要架構、大綱和人物描寫等夠完整，就能拍出與眾不同的作品。我秉持著這些概念認真地寫劇本。當時，城戶廠長認為，導演若不會寫劇本，就無法分辨劇本的好壞，要求立志做導演的助導「寫個劇本來！」已成定律。我的「狐朋狗友」清水宏和五所平之助私底下告訴我：「照順序來看，差不多輪到你『寫個劇本來！』了。如果劇本受肯定，你就有望當上導演。」

我抱著這個期望動筆，才寫到第三天，城戶先生果然要我「寫個劇本來！」我急忙寫好送上去，那就是《堅硬的瓦版山》，後來由井上金太郎執導。

原本為了自己執導而寫的《堅硬的瓦版山》呈上去後，評價是「架構不錯，但做為導演的處女作，過於艱澀」，結果被暫時擱置。最後只好請野田高梧另外寫一部古裝劇《懺悔之刃》，成了我的處女作。我和野田的合作始於這部電影，直到現在還是搭檔，兩人相當有緣。不過，這部片的靈感其實來自不久前看的美國片《*Hoodman Blind*》，我們重新詮釋，照自己的意思改編成日本古裝劇，說起來有點丟臉。像這樣，我在成為獨當一面導演的路上，遇到不少意想不到的事。

很多事情真的是當了導演後才明白。我記得當助導時常常小看導演，

「拍那一幕，從這邊的門進去、再從左邊退場不就好了，導演在想什麼啊！」等到自己成了導演才看懂，同樣一幕還真的必須那樣拍。另外，訂製服裝、道具已經夠麻煩，開拍前的準備更是一刻不得閒；總算體會到原來助導的牢騷不滿正來自於導演。就在我專心一意拍片時，卻接到預備役的演習召集令，加入伊勢軍團。結果最後的剪接交由別人完成，第一幕戲也是請齋藤寅次郎代拍。在營中，聽說該戲終於殺青，總算放下心來。解召後，回到蒲田片廠，大吃一驚。

古裝劇部門搬到京都，蒲田片廠等於解散。我好不容易學到的一點經驗全部泡湯，乾脆索性拒絕掉兩、三部上面派下來的劇本。早我一些出道的同期好友五所平之助、重宗務、清水宏等人紛紛勸我：「你這樣不行哪！別再挑三揀四，得做點事情才是。」我只好開始寫劇本。最先完成的是《年輕人的夢》，是現今所謂的勵志片。之後工作一路順遂，雖然作品不多，但在昭和三年，我拍了《年輕人的夢》及另外四部片，隔年也拍了七部電影。

那個時候沒有毛片，也沒有剪接師，從頭到尾都是我一手包辦，即使是默片時代，要拍出這麼多片子，也是相當忙碌。夜間拍戲是稀鬆平常，甚至熬夜一路通宵趕工。我拍《寶山》時因為趕著上映，連續五天沒有闔眼，連拍完當天是禮拜幾都錯亂了。第六天早上殺青時，走出攝影棚看到大家在玩球，我也下場一起玩，自己都不由得佩服自己年輕時的厲害。

不過，這番硬拚後來讓我嘗到苦果，從那以後，腦袋裡某個地方有點硬硬的感覺，幸好沒有大礙。健康是我的財產之一。導演需要如此耗用身體和精神，不夠強悍就做不來。

我這時候的作品，從《太太不見了》、《搬家的夫婦》、《肉體美》、《南瓜》等喜劇到《我畢業了，但……》、《會社員生活》等，拍攝類型應有盡有。也就是說，我已經有資格拍自己想拍的東西了。只是當時的野村芳亭、島津保次郎、牛原虛彥、池田義信等一流導演掌握了當紅明星，爭相拍出不少好作品，像我們這些新手導演能拍的有限，演員只能找新人合作，內容也多半限於喜劇片、校園題材，而且經常要趕到最後一刻，在上映日期前殺青。

所以我只能老是用笠智眾、齋藤達雄、吉川滿子、坂本武、飯田蝶子等配角拍片。川崎弘子、水戶光子等人也因此從默默無名變成明星。雖然有例外，但我認為，明星應該要經歷一段打拚時期，不但可以讓他們熟稔片廠的氣氛，也能理解底下工作人員的辛苦，不會在拍片現場鬧不和，演技有張力，演起戲來敢硬拚。

那一陣子，我們製作了「喜八」喜劇系列。「喜八」由坂本武飾演，這個角色的命名有段淵源。當時我和長年搭檔的野田暫時拆夥，改和池田忠雄合作，我是深川人，池田是下谷人，都在舊市區長大，於是參考舊市區裡常見的熊哥、老八之類的混混創造出主角。而後，我們共同寫了《心血來潮》、《東京之宿》、《浮草物語》等「喜八」系列作品。從此我開始拍攝長片。

我是好惡分明的人，拍片時有不少癖好。我的攝影機位置很低，總是採取由下往上拍的仰視構圖。這方式最早出自《肉體美》的酒吧場景，那是我剛拍喜劇的時期。我們沒有像現今拍片那樣到處打燈，每次換鏡頭時，燈光得要跟著移來移去，拍不到兩、三個畫面，地板上已經到處是電線。為了移到下個鏡頭，我們得一一收拾好，既費時也麻煩，所以乾脆不拍地板，將攝影機朝上。拍出來的構圖的確不差，也省時間，於是變成習慣。後來攝影機越架越低，有一陣子常用一種被戲稱為「鍋蓋」的特殊三腳架。

這是從第一部電影就開始合作的攝影師茂原英雄和我絞盡腦汁發明的。由於拍攝時必須躺著透過鏡頭往上看，他常抱怨脖子痠痛，這個毛病後來也傳給他的徒弟、如今也是我搭檔的厚田雄春。最近，倒是攝影機已架高了一些。

說到搭檔，一年到頭和同一個人共事，不管好壞，難免會有爭執，但我合作的人如果彼此不能一點就明，還是不行。我常和野田高梧一起寫劇本，在茅崎寓上一、兩個月，我們的酒量、喜歡吃的魚，甚至熬夜晚起等習慣幾乎差不多。如果夜裡他拋下我、自己跑去睡覺，我肯定寫不出來。基於同樣的原因，我不太敢找完全陌生的演員。如果是只看劇情就好的片子，還不那麼大費周章，如果是需要強調角色性格的作品，我就必須慎選。

那時候，一一指導每個演員入戲很費工夫，我自然想找熟悉的演員。即使如此，有時候為了拍出我要的水準，仍得一直重來，結果一個晚上只拍了一場戲。不過我現在已經沒有那個能耐，往往在演員能發揮的最好程度，我就妥協了。

正因為這樣的堅持，所以我對演員的看法也和別人不同。拍《麥秋》時有人推薦二本柳寬，我去看他演的《戰火的盡頭》，非常滿意，他符合我需要的清新感覺。山村聰也是，我在大船片廠的餐廳目睹過他吃午餐的樣子，立刻動念請他拍《宗方姊妹》，效果也不錯。《晚春》和《麥秋》兩部片子都請原節子擔綱演出。在那之前，聽說原節子不會演戲，我其實有點擔心，後來證明是杞人憂天。我覺得她這一類型的演員，不誇大表情、而是用細微動作自然表現喜怒哀樂。

換言之，她即使不大聲喝斥，也能夠表現出極度憤怒。原節子這樣的演技，能夠輕鬆自然地展現出細膩感情。反而是有些被譽為「戲精」的演員，不知該怎麼拿捏分量，我怎麼說明都不管用。例如演的是老人，但會揣摩過頭，不然就是沒有個性，老是問我希望怎樣演。

我找來石川欣一演《茶泡飯之味》裡的社長，他根本不必演，就已活脫脫像個社長，不發一語坐著，一副社長風範。另外我更挑剔小道具和服裝。例如，壁龕的掛軸和擺設，一定要真品，如果擺的是道具，我馬上就不高興。演戲的演員也會受影響。人的眼睛或許會被混淆，但是攝影機的眼睛不會被混淆，還是真品經得起拍攝。

因為我是這樣的個性，所以不喜歡現在的演員習慣性軋戲，這現象讓人搖頭。演員無法同時勝任兩個角色，如果耗盡全力演我的作品，就可能隨便去演B的作品。我認為這是日本電影界必須盡快解決的問題。這種情況若再三發生，大部分電影人恐怕會淪為電影匠。再怎麼高明，匠人的本事還是有限。幸好在戰爭結束後、尤其是這兩、三年，社會對電影的看法也變了。

在我那個年代，光是進電影界，說出來就不光彩。當演員只限於為生活所迫或是父祖家業都在這行的人。如今，演員是個亮眼的職業，要進這一行，應該沒有任何障礙。這是今後想從事電影工作的年輕人的福氣，因此，我們也必須努力累積實力，不辜負這個社會的期待。

就要過年了。家家戶戶一片忙碌，我也為了討論下部作品，於三、四天前來到湯河原。這次依舊和野田高梧同行。我們的工作方式，並不是條理清楚地立定目標，而是在閒聊中決定題材方向。天南地北閒聊中，先大致定下「哪種人過什麼樣的生活」為原則。接著，穿插發生某件事的主要情節，人物對話片段也跟著添入後，主線就完成了。

臺詞跟著搞定。也就是說，我們的初稿就是定稿。我當下也會做某些預想，比如選角，依據演員的風格和特色而寫腳本。但一碰到實際拍攝時預想的人選有變，或是該演員不能照我的想像表現時，總讓我手足無措。

常常有人說我拍戲很堅持某種原則，總是要讓演員按照我的設計展現演技，或是拍攝已經OK、卻還想「能不能更好」而要求「再來一次」，那都是我對拍電影的貪婪所致。還有，A和B互鬥的場面演技不對等無論是A好B壞或相反，拍攝起來都很棘手。連導演都無法處理了，原作者看了，多半會失望吧！因為有時原作者想像的人物很難和演員的特質完全契合。換言之，《亂世佳人》（*Gone With the Wind*）中，克拉克・蓋博（Clark Gable）扮演白・瑞德（Rhett Butler），堪稱上上之選。這也是我多半拍攝原創劇本的原因之一。我不擅長拍通俗片，因為通俗劇情是以看到比自己境遇悲慘的人而流淚為樂，因此角色多半無知而不符合現實，故事會顯得不自然，這我無法接受。就算要讓觀眾掉淚，我也不願意刻意催淚，而是希望觀眾自然地傷感落淚。

拍《宗方姊妹》是等到原著大佛次郎同意、演員敲定，才決定拍。《晚春》靈感得自廣津和郎寫的小說《父與女》。這兩部片子都與原作有些不同，沒辦法，這是文學與電影的差異。我記得《晚春》的試映會後，里見弴先生跟我說：「結局如果改成女兒結婚當晚，父親孤獨一人回家，不是從大門、而是從廚房送走看家的人，要進客廳時突然仰望樓上的女兒房間的話……」這個建議雖然已趕不上那部作品，但對我此後的作品很有助益，非常感激。

我幾乎不用移動、重疊、淡入、淡出等拍攝技巧。如果機器設備不夠好，這些手法會使畫面搖晃、不乾淨。尤其是重疊，我總覺得這個手法有曚混的味道。當然也有不是曚混、而是致力於強調畫面可看性的佳作。像劉．別謙（Ernst Lubitsch）的《結婚集團》（*The marriage circle*）、卓別林（Charlie Chaplin）的《巴黎婦人》（*A Woman of Paris*）、還有最近的《郎心如鐵》（*A Place in the Sun*）中都可以看到，但那些都不容易模仿。

我還要坦承另一個癖好：不喜歡外拍。只要能在棚內拍的戲，一定搭內景拍攝。因為外拍容易受到天氣影響，而且不易指揮演員，又必須特別費心應對，以致無法一口氣順利拍完。所以我的外拍都拍得很像棚拍。和我相反的是已經過世的島津保次郎，他棚拍時則拍得很像外景。做法中庸的是清水宏，他很有自己的風格，輕鬆自在地拍出外景就像外景、內景就像內景。

關於音樂，我不囉唆，只要不破壞影片風格、不與畫面扞格就好。但我也不喜歡因為悲劇就用悲傷旋律、喜劇就用滑稽曲調，這樣反而更顯刺耳。有時候，悲傷場面襯以輕快曲調，反而突顯悲愴感。我舉一個音樂和畫面的例子。攻打中國時修水河渡河戰一役，我就在戰場第一線。戰壕附近有一棵杏樹，開著美麗白花。敵軍展開攻擊，迫擊砲彈咻咻——飛來，機關槍噠噠、噠噠……響著，中間還夾著轟隆的大砲聲。一陣風吹來，白花非常優美地飄散下來。看到此景的我心想：這也算某種呈現戰爭的方式啊！

我已經五十歲，身體還算健康。酒喝適量，不再熬夜，最大的樂趣是睡午覺。導演生活邁向第二十七年。雖然因為戰爭從軍，足足有七年時間沒拍戲，但到《茶泡飯之味》為止，一共拍了四十四部作品。我希望今後依舊活得痛快，從事喜歡的工作。

——《東京新聞》，一九五二年十二月五日、十二日、十九日、二十六日

我是電影小導演

中學一畢業，就進入盼望已久的松竹

推開電影院的門，擁擠悶熱的氣息撲面而來。以前電影院叫做「動態小屋」，在那空氣混濁的小空間裡待上十分鐘就會頭痛，可是聽到宣傳車的聲音時，又無法逕自走過小屋而不入，電影就是具有這種不可思議的魔力。

我在東京出生，在伊勢地區的松阪度過少年時代，看電影成癮。後來，甚至發現偷看學校禁止的電影反而比較刺激，樂此不疲。現代人大概無法想像當時的中學生，除了看電影，也讀《改造》和《中央公論》等雜誌，不時熱烈討論，雖然讀了未必完全理解，但求知欲就是如此旺盛。

那時我也大量閱讀谷崎潤一郎和芥川龍之介的小說。電影只看外國片，雖然有點自以為是，但以前真的輕視幼稚的日本電影。

當時的電影也只是依照劇情表現，根本無法傳達出人的感情。不過，湯瑪斯・英斯（Thomas H. Ince）導演的美國片《*Civilization*》，讓人耳目一新。這部鉅作確實非常精采，影像完全吸引了我，我想當電影導演，正是始於此時。

父母希望我上大學，但我完全不想理他們，根本沒打算讀大學。說明白一點，我大概討厭讀書吧！

我懷著不上大學也要闖出一番事業的抱負，因此當電影導演的志向堅定不移。

幸運的是當時我叔叔把土地租給松竹電影，透過這層關係，我中學一畢業，就順利進入松竹的蒲田片廠。

現在說要當電影導演，別人會投以羨慕眼光，非常拉風。但當時那個年代，拍電影可是會被貶為「淪落成那樣的貨色」。話雖如此，依然無法阻擋我的決心。這讓父母非常失望，但我除了自己想做的事情外，什麼都沒看在眼裡。

我十九歲時進松竹以前，只看過三部日本片，公司高層非常訝異。但是好不容易進來了，也不能不看看以前不屑的日本電影，因此拚命地看。

我是抱著「輪到我拍攝下部片」的心情，所以每部片子都看得很仔細。雙眼緊盯前輩的導戲手法，在腦中摸索自己想做的方式。但我不輕易模仿別人。說我固執的確很固執，這是個性使然，沒辦法。所以，我拍電影沒有師父，幾乎憑一己之力。

如果以為導演總是拿著大聲公對著明星們頤指氣使，那就大錯特錯。我們經常夜不能眠、苦思拍攝順序和場面調度，光在旁邊看著都覺得累人。但身在其中，也不知不覺培養出創作的樂趣。我自認天生好強不服輸，才能不向任何阻礙低頭，如今有幸成為自立的導演。

——讀賣新聞社教育部編，《我的少年時代》，牧書店，一九五三年

回想那時候

這是很久以前的事了。我的《我出生了，但……》獲選十大佳片第一名，松竹高層對創辦《電影旬報》的田中三郎說：「讓那部片子拿第一名，很麻煩哩，因為根本沒人看。要獎勵的話，就選衣笠導演的《忠臣藏》吧！」換作現在，入選十大佳片，恭賀聲會盈耳不絕，但當時不是如此。影評人讚譽有加的電影多半不合觀眾的口味。所以，獲選了十大佳片，電影公司可是一點也高興不起來，他們認為那傢伙專門投影評人所好，完全不考慮觀眾。於是，我的電影入選十大佳片後，我就盡量少去片廠，總覺得不好意思，深怕遇上廠長。和當時相比，現在的日本電影大有進步，觀眾品味提升不少，這應是《電影旬報》十大佳片的功勞吧！但這讓拍片成了更辛苦的工作，要花的心思更多了。電影技術進展至彩色片、寬螢幕以後更費工夫，不能再像以前那樣一年拍個七、八部了。

十大佳片的評選方式雖有種種問題，但畢竟是幾十個人討論出來的整體意見，大致上很準確的。只是要以嚴謹的意義排名，應該滿困難的。我就常常無法理解自己的作品為何排名第一、第二?這真的不是我能決定的事。

——《電影旬報》，一九五七年二月上旬號

我好像老了

我並不是抗拒什麼而過著單身生活，只是不自覺地這樣過下來了。對於女孩，我和世人一樣，有喜歡也有討厭，我不介意日本傳統髮型或是時髦捲髮。從個性上來說，我似乎比清水宏更有資格當丈夫，可是清水早就結婚了……豈不怪哉？開玩笑啦！說起來，大船片廠的導演之中，只有我這位「小津叔叔」還單身，有的助導早早就結婚、已經有兩、三個小孩了。

＊　＊　＊

如果說，沒結過婚就無法描繪中年哀樂、婚姻倦怠等沒有體驗過的事情，那麼，沒犯下扒竊、殺人、通姦等惡行的人，估計也不能準確拍出這樣的劇情囉？這種看法真的有點極端。我的拍攝主題多半環繞在日常心境的描繪，是因為想在這個只能拍喜劇的年代，為電影添一點味道。差不多是從《會社員生活》開始，看到了一點成果。這一點，我只是稍微使了點力處理而已。只不過，單身的不便之處倒是不少……

＊＊＊

我家中還有母親，剛滿六十歲，身體非常硬朗。幫我照應生活起居，生活採買、洗滌送洗、挑選訂製和服等全都打點得好好的，讓我無後顧之憂。至於婚姻生活的樂趣和育兒心境，因為哥哥已有兩個小孩，所以我也能夠充分領會。我只是仗著身為次子的優閒，自在地一直過著單身生活。我常露出可愛的酒窩自嘲：要是在以前，我不是在家吃冷飯，就是得過繼給別人當養子了。在女演員中、尤其是飯田蝶子和吉川滿子等中生代眼裡，我的可愛大受好評。

＊＊＊

聽說在別人眼中我看起來比實際年齡老，希望大家不要誤會了。我想是因為沒有像入行之初那般有朝氣，這是我從齋藤達雄最近批評我時得知的：「你以前是個暴君。」原本大家眼中的我是講究、堅持的人，但不知什麼時候開始，不像往昔那樣了。這一點真是非常抱歉，看起來我需要再加把勁。單身漢就該像個單身漢吧！喂、如何呢？

——田中真澄編，《小津安二郎全發言》，泰流社，一九八七年

我走我的路

大正十二年（註：大正年號始於一九一二年。）踏入電影界至今已經三十六年，原來真能靠這條路吃飯啊！若在一般公司，去年就該退休了。我得過許多獎，至於入行的動機？**因為我喜歡電影**。以前要看電影時就逃學，戴著鴨舌帽溜進電影院，為范朋克（Douglas Fairbanks）、派兒．懷特（Pearl White）等人著迷。我本來就沒有勤學志向，所以當了導演。當時進電影圈，被譏為逸樂之徒，聽起來很墮落。但現在進入電影這一行，已經沒這麼困難。容易厭煩的我，三十六年來始終走著同一條路，是因為對自己要有責任感吧！

我在昭和二年因為《懺悔之刃》當了導演，那是一部古裝片，但隔年**古裝片**的拍攝製作就從蒲田片廠搬到京都片廠，所以這是我拍過的唯一一部**古裝片**。不過，我一直想拍一部寫實的古裝片。現在的古裝片，演主公的都是剃著武士頭、好像《枕草子》裡的人物似地白淨光鮮模樣。可是主公也會有感冒、不修頭髮的日子；或是刀片刮傷、貼著膏藥出場的時候吧……

《浮草》是我的第五十部作品。我進電影界時正是黎明期，現在已經有了相當大的轉變。我們需要依賴科技部門協助，算是依靠外援的工作。我有自己的做法，而且我仍認為拍電影沒有所謂的文法。因此，我歡迎法國電影新浪潮，也樂見有個性的新人導演輩出。

這五十部電影沒有一部是故意亂拍的，因此，問我自信作是哪一部，我真不知如何回答。今後，只要精神允許，我會一邊小酌喜歡的酒，一邊以**小津調**繼續拍電影吧……

——由中真澄編，《小津安二郎戰後語錄集成》，Film Art社，一九八九年

拓展視野之片

回想《心血來潮》

《心血來潮》這部電影是我在默片末期，一直想拍攝的庶民題材，同時企圖開拓電影新境界。

因為我已厭倦日本的陰鬱氣氛，另一方面同時想擴展我的世界，投入摩登現代的懷抱。所有小道具如牙刷、肥皂等都使用舶來品，我還住在飯店裡寫劇本，現在回想起來，那時候真的在耍時髦。不過，那也是想以默片方式得到有聲電影效果的一種嘗試。

姑且不論成果好壞，希望大家能理解，這類似用銅版畫來呈現浮世繪的冒險心。

——電影旬報編輯部編，《小津安二郎集成II》，電影旬報社，一九九三年

我拍片的習慣

我很喜歡、也很推崇洗練優美的志賀文學。我和志賀先生交情不錯，但電影畢竟是不同領域，我想以簡潔的風格達到那個境地，拍出電影的洗練完美。

雖然有人跟我說：「偶爾也可以拍些不同的東西嘛！」但我說過，我是「賣豆腐」的，「做豆腐」的人去弄咖哩飯或炸豬排，怎麼會好吃呢？結果，這次《早春》的劇本磨了剩三分之一才脫稿，我想七月左右開拍。

我沒有什麼值得一提的習慣，總以人和為貴。

雖然有人看我的作品，以為我個性陰沉，但且慢，我可是有能自然展現喜劇風格的爽朗性格喔！

——田中真澄編，《小津安二郎戰後語錄集成》，Film Art社，一九八九年

我與《電影旬報》

我開始看《電影旬報》，是三十多年前左右吧，他們今年欣逢四十周年，可喜可賀。一個電影雜誌能夠持續四十年，在全世界也絕無僅有。我一直珍惜《電影旬報》，是因為它具有記錄時代的價值。比如我想不起來十四、五年前某部電影的內容，翻出來一看，原來曾刊過報導，實在難能可貴。《旬報》存在於不太重視影評的時代，一直保有自己的特色。我期許它今後依然有重點性的發展。

《電影旬報》每年都會盛大票選十大佳片。剛開始未免太有良心，獲選真正佳作的電影票房表現都不好，結果讓發行公司很感冒。最近因為大眾傳媒發達，宣傳無遠弗屆，入選十大佳片的電影和賣座也能一致了。以我而言，以前獲選十大佳片時大多不知如何面對，連續三年都入選第一名時，如果有個地洞，還真想鑽進去。因為公司認為，你老是想拍拿最佳影片的藝術片，都是些不賺錢的電影。

——《電影旬報》，一九五八年七月上旬號

這裡是楢山

母親是明治八年（一八七六）出生，育有三男兩女，我是次子。兄弟姊妹各自嫁娶，只剩下我和母親同住，已經二十多年。

她大概在單身的我這裡住得舒服，也可能是還放不下我，母子倆就這麼優閒度日。

母親早睡早起，我正好相反，即使在家裡，我們也難得一起吃飯。

去年以前，母親還很健朗，可以獨力準備三餐、裝卸木板套窗、幫忙整理被褥。但是自今年起，她有點精力耗盡的感覺，於是請了幫傭。這也難怪，她已經八十四歲了。我深深體會到，人還是要動、要活就要動。五十五歲、六十歲退休，都嫌太早了。

我現在住的房子，位在北鎌倉的山坡上，出入都要爬坡，因此母親很少

出門。她好像已經認定這裡是楢山（註：深澤七郎的小說《楢山節考》，敘述窮村為存活，老年人七十歲以後都被送到楢山等死。）了。

年輕時候的母親是魁梧高大的小姐，現在依然是高壯的老婆婆。我雖然沒揹過她，但肯定很重。

身揹老母　不堪其重

悲哭上楢山

如果這裡是楢山，她願意永遠待在這裡也好，不用揹她上山，我也得救了。

——《文藝別冊：小津安二郎》專刊，二〇〇一年

第二輯

電影沒有文法

●

電影感染力的本質，

應該是自己先想過一遍，

再去思考如何將這個想法訴諸觀眾的內心。

我認為電影沒有文法

我進蒲田片廠開始學拍電影，已是大正時代末期，也是所謂的「動態影像」終於發展成近似電影的時候。當時「電影」一詞沒有幾個人知道，但我們這些年輕人卻一天二十四小時都在討論電影，喝酒的時候談電影，進了電影院，也在黑暗中拚命做筆記。那些年的我們，只是覺得電影有趣而看，而且，在那種緊張的觀影氣氛下，對於什麼地方換場景、採用什麼方式拍攝等等，根本看不出名堂。

正好那時，維多．傅利博在美國出版《電影製作法》，翻譯成日文後，相當轟動。書中提到「電影具有文學、繪畫和音樂等要素，因此是藝術」很普通的本質論。現在想起來，這本書把很簡單的道理刻意寫得很高竿複雜。就好像說「這個蒟蒻因為浸過醬油、加了糖、再撒一點辣椒，所以好吃」一樣，但吃起來本質還是蒟蒻啊！

不過，《電影製作法》會引起轟動也不無道理。就在不久前的上一代，也就是「動態影像」時代，電影的女主角都叫花子，男主角都叫武夫。如果是外國片，女主角就叫瑪莉，男主角就叫羅柏。應該是清水宏吧……想拍一部電影叫《淚流滿面的瑪莉亞》，但公司高層說瑪莉亞是外國女性的名字，改成《哭泣的美里》，瑪莉亞改成美里，故事大概也會不同。還有，〈道頓堀進行曲〉一曲流行時，國內要翻拍外國電影《青鳥》，也認為片名只是《青鳥》，感覺很不熱鬧，所以特地改成《青鳥、紅鳥》。如今想起來，那個時代雖然是難忘的快樂時代，但也似乎是和藝術無緣的時代。

論當時感動人心的電影，當屬劉．別謙的作品。在他以前的電影，都是好人追緝壞人，結果一定是好人得勝、壞人慘敗，劇情不是追殺就是被追殺，背景不是西部小鎮，就是阿拉斯加雪地，故事大同小異，只是時空背景不同。但是電影進展到了劉．別謙手上，確實向前邁了一步，生動描述人的感情和心境。對現在的人來說，那沒什麼值得驚訝的，但在當時是一大革命。因為當時還是默劇時代，沒有獨白也沒有對話，仍能逼真表現片中人的悲哀喜悅。而且，不是單純的悲情。那種笑中帶著悲傷的微妙複雜感受，在劉．別謙、卓別林和蒙塔．貝爾（Monta Bell）的電影中可見一斑。

從那以後，很多電影又向前跨了一步，開始加入細緻的感情元素，一如文學作品一樣，逐漸著重於人性探討或性格塑造等面向。接下來，電影題材再成長，更進一步追求文學無法表現的創作手法、添入更多人入鏡的集體演出和追求記錄性的真實氣勢……這都是很久以後的事。

年輕時常有這樣的經驗：幾部電影看了很感動，後來再看時卻覺得無聊。那是初看時的印象在記憶中昇華、美化，在腦中逕自演繹，最後變成與電影本身完全不同的印象。有聲電影初期的傑作《摩洛哥》（*Morocco*），幾年後再看，原本我以為是特寫的場面，其實只是導演讓攝影機擺著不動逕行自轉，顛覆我的印象。芥川龍之介的小說《秋山圖》，以前讀也很感動，但是後來再讀，卻覺得只是狐狸作祟的故事。或許，是因為觀者的美感、環境和時代感變了。但是電影藝術因為表現手法的日新月異，那種類似《秋山圖》讀後感想的改變也特別強烈。

美國著名導演葛里菲斯（David Wark Griffith）第一次使用特寫手法，已經是很久以前的事了。說穿了，這不過是把歌舞伎使用的**面明**（註：舞臺光線全暗，只照出演員的臉部和身體。）演出方式更大膽地運用在電影上。銀幕上放大映出悲傷時緊握手帕的手，這個拍攝手法在當時是令人眼睛一亮的新鮮表現。不久，隨著攝影技術發達，特寫也開始用於捕捉表情的微妙變化，在情緒激動時使用特寫，也成了一種**文法**。

不過，我覺得在悲傷時用特寫強調，不見得有效，搞不好因為顯得太過悲傷而造成反效果呢！我在拍攝悲傷場面時，反而使用遠景，不強調悲傷；不做說明，只是表現。但我會在不需要強調什麼的場景時，使用特寫，因為拍遠景時背景太遼闊，我嫌處理背景費工夫，於是改採特寫以消除周圍背景。我認為特寫可以這樣用。因此，把葛里菲斯的特寫當成一種**文法**，似乎過於死板。

電影運用**文法**，並非始於特寫。在日本民間企業推動電影的時候，栗原湯瑪斯從美國帶回各種電影技術。這些表現技術被視為**文法**，正是金科玉律的電影文法論之始。

例如，有人使用這樣的文法拍攝對話：輪流特寫A和B在對話，攝影機必須在同一個位置與角度拍攝，不能超過連接A和B視線形成的軸線。也就是說，攝影機架在軸線稍遠處特寫A時，A的臉在畫面上朝左。接著，鏡頭轉向另一邊特寫身處相對位置的B時，B的臉在畫面上向右，兩人實際的視線自然在觀眾席交會，形成對話的感覺。所以如果攝影機移動了，甚至超出那條軸線，就絕對無法拍出對話的感覺。

但我認為這**文法**有些牽強。實際上我移開攝影機不理會連結A與B的軸線拍特寫，A的臉向左，B也向左，他們的視線沒在觀眾席上交叉，但一樣能拍出對話的感覺。

全日本大概只有我用這種方式拍片，恐怕全世界也只有我一個。我這樣做已經三十年，我的朋友們，山中貞雄、稻垣浩、內田吐夢，全都表示因為拍攝方式不同，不容易看懂我的電影。我反問：「是不是從頭到尾都看不懂？」他們回答：「不是，只有剛開始，但很快就習慣了。」其實只用遠景交待清楚A和B的位置關係後，從任何角度去拍特寫都無所謂。A和B的視線能否在觀眾席上交集，也沒那麼重要。總之，這種文法論過於死板，不應該受限於此而綁手綁腳。電影不就是應該輕鬆優閒地拍攝嗎？

日本一有新技法引進，立刻被冠上某某論、並套用成一種**文法**，究竟是怎麼一回事？淡入、淡出也是如此。因為要拍出一天的結束，所以必須「淡出」使畫面變暗；或者，畫面開始的時候必定用淡入。以前則是用圈入、圈出那種將畫面縮成圓圈的技巧。但是，這些並非電影創作人想出來的，只是攝影器材上的一個功能而已。按下快門，藉由快門特性，將關閉的東西豁然打開，呈現在畫面上的就是淡入。

也就是說，有人把只是機械功能呈現在畫面上的淡入和淡出技法當成**文法**、說得跟真的一樣，完全不是自己的見解。那根本不是什麼文法，只是機械的屬性。就像書本的第一章前面多加一張空白頁一樣流於形式。

在這方面，有人認為我是非常傳統的電影方法論者，我倒自認是一個非常乖僻彆扭的導演。淡入、淡出還有重疊，這二十五、六年來，我一次也沒用過。我認為，即使不用這些拍片技巧，一樣能夠如實傳達感覺。

我生性彆扭，成為文法否定論者也很正常，但在我的電影修業時代，文法論真是甚囂塵上。有些影評人堅持電影具有文法，偏離那些文法的呈現，就被貶為不是電影。看看那時候的電影鑑賞入門書，總是寫著重疊如何、應該用於何時等等的內容。這是為懂得電影技巧的鑑賞家而寫的書，一般觀眾讀了，一定以為導演沒用重疊，可能是不懂電影的文法，最後導致導演在拍片時採用重疊。這實在本末倒置，真不懂到底是為了誰才創造出這些文法？

我覺得文學裡探討的**文法**，與人類的生活習習相關。好比弄錯日文動詞活用變化，時序會搞混，就很難理解語意。所以必須尊重這種牽繫著生活的事物。但是電影中的**文法**，只是呈現時的特殊技巧，並不會直接影響觀眾的生活。況且，現在的觀眾眼光不差。以前觀眾笑不出來的一幕，現在卻能笑得很樂。他們常常有極細膩的反應讓我驚訝，這表示觀眾已經具有很高的觀影水準。有些影評家讚許符合**文法**的導戲手法，卻讓觀眾覺得遵循**文法**以致畫面呆板無聊。讓觀眾走進電影院的吸引力，是能讓觀眾聯想到生活的電影感染力，並不是導戲的高明文法。文章表現也一樣，符合文法的文章未必是美文，這可能也是文學感染力的問題吧！

營造電影的感染力並非難題，關鍵只在如何訴諸觀眾的感官而已。如果不顧觀眾的感受，就像弄錯動詞活用變化，只會一團混亂，無法正確表達。例如先前的AB對話，特寫從任何方向切入都無所謂，但如果沒有先明示對話者的相對位置，觀眾就會看不懂，無法進入電影。勾住這層意義上的觀眾感官，非常重要。

前一陣子，有朋友拍攝八釐米短片，希望我給個建議。我去看了，拍的是一家人和樂融融的野餐情境，但是我感覺不到家人團圓的氣氛。小孩對著攝影機要吃麵包，母親朝著不合邏輯的方向遞出麵包，觀眾完全無法理解他們的距離和位置關係。那該怎麼拍呢？見人見智，但如果是我，一定越過母親的肩膀拍攝小孩，然後再拉回到母親與小孩臉上拍特寫。

我認為，電影感染力的本質，應該是自己先想過一遍，再去思考如何將這個想法訴諸觀眾的內心，接下來就可以實地進行。這看起來微不足道，但是感覺敏銳的人，都會這樣做。

可是，許多剛出校門、滿懷電影理想的社會新鮮人，一踏入片廠、做了近十年的助理生活後，不知不覺早已磨損掉自己的感性，好不容易終於獨當一面成為導演時，已經被周圍同化，對自己的電影能否打動人失去自信，而想依賴某個導演的公式。於是，遵循金科玉律的電影文法論就變成一條安全的路。雖然觀眾早就「畢業」了，但是電影創作家還無法脫離文法論，一再反覆使用老套的導演手法，實在是個悲劇。

雖然我算是很晚才當上導演，但我當時不過二十四歲，正當想玩的年紀。當了導演後，都沒時間和家人一起好好吃頓晚飯，常自己一個人窩在樓上，感嘆不幸必須為隔天拍片做準備。兩相比較，才想到現在的人想當導演，似乎很難如願。五年、十年的學習過程，最重要的電影感性被磨損殆盡，這個結果令人心疼。我雖然同情年輕人，但用**文法**來掩飾枯竭的靈感，終究是對不起花錢看電影的觀眾。想到電影藝術的未來，我忍不住寒心。最近法國出現許多二十多歲的電影創作家，拍出不少掀起話題的作品，這新聞讓我興奮不已。我期待日本也會出現這樣的年輕導演，以全新的感性拍出新電影。基於這個意義，我還是想強調電影沒有文法。

——田中真澄編，《小津安二郎戰後語錄集成》，Film Art社，一九八九年

我經常無視電影的文法

寫文章有文法，拍電影也有類似寫文章時的文法，這似乎已成定律。但我認為，電影沒有文法。大家所謂的電影文法，其實不具嚴謹意義，也不是正確意義下的文法，所以，我很想告訴大家，不要受制於這個文法。

人們常把這電影文法當作電影導演的拍片法則。例如拍攝一對男女交談的畫面時，攝影機不能跨過男女視線的那條軸線。更具體的說，如同次頁A圖先從1的角度拍攝男子，從觀眾席上看，畫面上的男子視線是稍微看向右邊。接著從2的角度拍攝女子，畫面上的女子視線是些微看向左邊。觀眾先看到向右看的男子，接著看到向左看的女子，剛好視覺上呈現出他們兩人面對面。這就是拍攝面對面的兩個人物時的法則，攝影機位置只能架設在兩人視線軸線的同一邊。

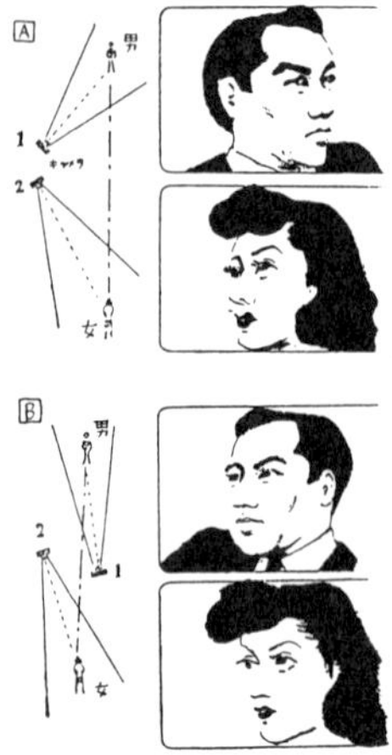

若由我來拍，畫面上先出現看著左邊的男子，接著拍同樣看著左邊的女子，但是觀眾（當然也包括我自己）也能夠自然理解這兩人是面對面，這種拍攝方式打破所謂電影的文法概念。請看B圖，我是這樣拍的。

先從1的位置拍攝男子，然後從2的位置拍攝女子。這樣拍出來的男子和女子都看向左邊，攝影機的確超出兩人視線的那條軸線，從右側移到左側。這明顯是違反文法。

我以為有別的導演會用同樣方式拍攝，每次看電影時都特別注意，但看了一百多部片，只發現法國導演Maurice Tourneur的《*Koenigsmark*》裡有一瞬間是採用如此拍攝手法。

電影文法是栗原湯瑪斯赴美國歸來時，教誨年輕電影人的一番話，之後在日本電影圈沿襲下來。我的舊作《獨生子》試映會後，內田吐夢、稻垣浩、清水宏、隆澤英輔等導演的聚會上，說了他們認為違反文法的想法，稻垣浩說只有電影一開始感覺奇怪，後面就不在意了。從那之後，我沒再聽過這方面的批評。

如果拍攝時不可以越線已成慣例，那麼，違反慣例照理說會出現某種破綻。既然沒有不自然，顯然這則文法並非恆常不變。

電影的文法終究只是常識法則，沿襲這法則無可厚非，但也不必刻意打破。我敢於嘗試與這個文法背道而馳，是因為若真的遵循這法則拍攝室內人物與背景，難以拍出現場自然的感情和氣氛。

日本和室裡坐的位置固定不變，房間最大不過十塊榻榻米寬，攝影機的移動範圍有限。如果遵循這個文法，有人的背景是壁龕，鏡頭轉到另一個人物時，其背景就變成了拉門，或是走廊。這真的破壞我想要的場面氣氛。於是當我試著不照著文法來時，才發現到原來這不能算是文法。

另外，以前有人說特寫是更細膩展現或強調感情的技法，但其實強調劇情氛圍也可使用遠景。我舉個具體用在拍攝現場的例子。曾經有個助導完全將「特寫能表現戲劇感情最高潮」的文法牢記在心。這一天導演以特寫運鏡，他立即明白導演正在表現劇情高潮，因此正好奇下一個更重大的場面該如何拍攝時，導演卻突然將攝影機迅速退後，以遠景拍攝助導以為會用特寫拍攝的更高潮，這下，他完全搞不懂了。其實工作人員多半無法理解導演的意圖，直到試映那一刻……

特寫，與電影中最重要的「省略」大有關係。

例如省略「時間經過了多少」。早期技法是從淡出轉為淡入，仔細一點的會顯示時鐘或日曆，但現在只用剪輯就能充分表現。

不過，這並非只是字面意義的省去某個部分，而是為了做到更細膩的詮釋，突顯劇情節奏、氛氛濃淡，具有重要的意義。它不是外在的，而是有內涵的，就像繪畫上用疏筆淡描畫紙某處可以更添精緻印象一樣，電影中的省略技巧是掌握戲劇生命的關鍵。運慶和湛慶的畫作、松尾芭蕉的俳句等，都極端表現出省略哲學。

因此，我以為遠景有其適當表現力，有時為了發揮遠景最大效果我會加用特寫，這時只是為了襯托遠景，並沒什麼特殊功能。我覺得把特寫當作誇大情感的技法，就像考試時死背答案一樣。

拍弟弟死的一幕，畫面是主角整張悲傷的臉部特寫，哥哥死的時候再放大一點，那麼，母親死的時候只剩下鼻子和眼睛，到了一生最愛的戀人或妻子過世時，畫面豈不只剩下一對眼睛了嗎？那麼，獨生子離開人世時又該怎麼表現呢？

我相信演員也會有「這時候應該做這種表情……」，像死背手冊似的演技。

我曾經要一個女演員做出掉了錢的傷心表情。她做了一個表情。我問她掉了多少錢？她說五十圓左右。我要她再做一個掉了一百圓的表情，然後是五百圓、再來是一千圓。可是看起來沒有什麼不同。我開玩笑說，怎麼掉的越多反而越不傷心呢？當然，這是我故意瞎說的。從這裡可以判斷演員的演技除了自己的感覺外，真的沒有基準。

我經常如此無視電影的文法。我討厭彰顯理論，但小看理論也不對。或許是我喜歡與人唱反調，但我就是以這樣的好惡判斷事情。

電影和美術、文學等其他藝術相比，還是個嬰兒，這文法還不能算成形。我討厭被文法拘束，討厭被知識定律綁手綁腳，如果電影的文法真的優異如自然法則那樣，那麼，當今世上只要十個電影導演就夠了。

就像文學家創作文學時不拘泥於文法一樣，我製作電影時也不想拘泥於電影的文法。我認為，感覺是有，但文法是無。

——田中真澄編，《小津安二郎戰後語錄集成》，Film Art社，一九八九年

淺談電影製作

電影導演最不安和焦躁的時候，是開拍到預定完成日期已有眉目的期間。不過，不論如何不安與焦躁，心情都會因為想要製作好電影的期望而好轉。

剪輯苦心拍攝的底片到試映之間則是最愉悅的。試映評價很好時，那份心情是任何快樂事物都沒得比的。我正在拍《東京合唱》，正值不安時期。這部電影，說它是為自己量身打造的亦可，內容完全符合我的喜好。主演的岡田時彥、齋藤達雄等人也是合作多年的熟面孔，氣氛更加和樂一致。整個團隊是絕佳組合。

* * *

這部《東京合唱》和前一部描寫浪漫主義極限的作品《美人哀愁》完全相反，走寫實主義的極致路線。究竟哪部作品能投合現實社會的胃口？我想這會是有趣的研究。我對寫實主義的心境描寫頗有自信，想拍出一個趣味十足的系列佳作。我是徹底的分鏡優先主義者，經常苦心鑽研電影的分鏡。這部《東京合唱》，我正努力貫徹這個信念。

＊＊＊

在電影已經百分之百佔據民眾娛樂的今天，我意識到我們要有系統的電影學。如果電影只是求賺錢的水酒生意，那麼它的內容和架構該怎麼構思才好。如果還停留在以動態小屋的本質來討論、評價和製作電影，未免也太讓人失望了。

今日的電影已經發展到要有確切的學理性技法。至少，我留意到這種說法而著手製作，如果能藉此提升日本電影的水準，我會因此感到驕傲。所以，我正努力讓《東京合唱》成為那個引線。

——《國民新聞》，一九三一年七月二十七日

國片應該要國際化

我期待方克博士（Dr. Arnold Fanck）的《新土》能夠盡快完成。因為這部作品是日本製作的第一部國際電影，希望藉這個機會，促成今後的電影製作國際化。

我國雖然沒有坐擁龐大資本的製片產業，尚無法立即實現不一樣的期待，但仍有來自各方努力推動電影躍上國際舞台。我期許這不是狹隘地介紹日本固有藝術，希望是透過電影，藝術性地呈現日本的風俗、人情、文化。

在有聲電影的時代，語言差異是否成為障礙？看到洋片能那樣擄獲我們的心，似乎無須擔心那點。我們應該思考的是，如何百分之百磨練自己的技術，如果不這樣做，就無法指望日本電影進軍國際。現在的日本電影暫居世界的角落，這應該是向世界水準勇往直前的大好時機！我期待日本電影品質的提升。但是，如前所述，經濟問題還是最大，這方面就要靠有良心的企業家，想辦法讓電影票便宜一點了。想點辦法，為製作電影管一點閒事如何？

——《報知新聞》，一九三六年十二月十七日

關於改編電影

目前為止，我沒有電影作品改編自小說，幾乎都是原創劇本。

看到一本精采的小說而大受感動，但這個感動並不足以吸引我，成為搬上銀幕的動機，因為兩者完全不同。我只會把那份感動放在腦中想像。文學和電影的差別，在於這感動化成不同形式的作品。

既然不同，也不一定得將小說拍成電影。讓人感動的原創作品遠比自己的想像更對味，感受也更自然。至少，我不必為此逞能。當然，無聊的小說另當別論。

例如谷崎潤一郎的《春琴抄》。原著小說和改編成電影後完全是不一樣的東西。電影很無聊。材料確實相同，但是呈現的內容差異，改變了電影化的新鮮感，以及導演的旺盛企圖。電影的格局反而被做小了。谷崎潤一郎和島津保次郎的差別，正好反應出文學和電影各自的差異，並沒有因為拍成電影而改善。泉鏡花作品改編的電影中，即使拍出原作的味道，也只是導演的技巧高明而已。

最近，我想再多回味電影，從電影中找出極具電影性的元素。以上只是談我自己，別人的情況我不清楚。

——《讀賣新聞》，一九四七年六月二日

不說也罷的事

谷崎潤一郎有部《文章讀本》。

對知道文法或不懂文法的人，都是學習文章創作的珍貴文本，書裡有些句子也能直接帶進劇本創作。

文章創作和劇本創作原有差別，但我太關切電影，因此還是認為志賀直哉的《在城之崎》正是劇本創作的範本。

優秀作家的小說結構，無疑都暗藏各種創作的建議。

電影話術

為了讓電影更像電影，劇本的筆觸、語調、措詞等「話術」存在也不是太大問題，但若當作一種掩飾劇情鬆散的便宜之計，就不妥了。為了增加電影的可看性而活用「話術」，本來沒有什麼好丟臉的，但如果是為了簡單打發劇本結構的某個橋段，或做為省略描述而用的一個手段，應該絕對避免。

這種「話術」的運用，把電影完全帶上邪路。

我對默片並沒有依依不捨。別人認為我對無聲年代抱有依戀之情，這說法讓我不知如何回應。我只是一直沒有製作有聲電影的機會，我很樂於製作有聲電影。

我認為，默片已經差不多走到盡頭。

如果有許多名人站出來，對其表現及結構展現的根本問題進行改革，或許另當別論，但照現況走下去，只見暮色蒼茫、步向衰亡一途。

有聲電影的發生絕非偶然。

首先，劇本本身的內容就是有電影性的。

而且應該是構成電影的「基礎」，不應具有其他意義。

有人就是寧可把這種明明算是「基礎」的劇本寫得像「讀物」。因為是當成讀物而寫，實際寫劇本時，就用了太多不必要的形容詞。

身為劇作家，要在按照劇本顯示的文學性（這部分請參照《文章讀本》劣文實例）所謂累贅形容詞拍成的電影中，承擔編劇的名分，難道不覺得有些落寞嗎？

為了什麼而寫劇本，這是最重要的課題。

不論電影導演的敗筆是如何無法呈現劇作家的意圖，在嘲笑導演敗筆之前，劇作家先要三省自身。而後，把這嘲笑當成劇作家表情的一部分，盡情發揮。

我的知己中有野田高梧，有池田忠雄。因此，我在劇本方面的精進，算是幸得百年知己。

——《電影旬報》，一九三五年一月一日號

明星制度的濫用

明星制度最早就被視為電影製片的策略。我最近翻了《美國電影年鑑》，問卷調查了一九四七年度的「搖錢樹影星」，還有由全國電影院經理票選的當紅明星調查。曾經有一段時期，秀蘭．鄧波兒（Shirley Temple）連續數年高居第一。

這種賣座面創造出的明星人氣，在電影製作上擁有很大的發言權。明星制度的基礎正源於此，只要電影由民間企業參與，這種情況自是當然。換句話說，一般大眾寄予明星的「人氣」，是電影作品的最大吸引力，除了特殊的例外，沒有電影製作人會對此不屑一顧。本來，明星制度在電影產生以前，不問西洋或東洋，在戲劇世界即已存在，我國的歌舞伎界，這個特徵尤其明顯。電影也是一種戲劇形式，需要演員，也處在類似戲劇的環境，明星制度因而誕生。但因為兩種藝術的傳統和歷史差異的影響，使得電影和戲劇的明星制度在實質上有相當大的差距。

電影圈製造明星，發生地點很自由，任何地方都可能產生明星，完全沒有侷限，這是開放的，可能因容貌、演技類型而飛上枝頭。因此，有些人一旦成為明星，有了地位，多半忘掉演技的增進，結果培養出獨取天下的錯誤觀念。但在戲劇界，要攀上主角級地位，可是得歷經相當多階段，需要長年累月的努力，很難一蹴可幾。尤其是歌舞伎，封建色彩濃厚，還有家世、資格的傳承，無法因為某場演出忽然出人頭地。然而，這反而激發對技藝之道的好學向上，演員在獨挑大樑以前，費盡心力學習。當他們到達獨當一面的明星級地位時，演技也邁入成熟期。

我覺得，這正是與電影明星相較下的顯著差異。我深刻感受到戲劇世界明星制度的優良傳統，以及電影界依賴明星制度的不穩定。

我不是說演技不成熟就不能當電影明星。如果這樣，那麼銀幕上就永遠看不到年輕明星了。電影和戲劇不同，即使演技不成熟卻成為明星的例子很多，如今的秀蘭·鄧波兒就是這樣。但請各位明星放心，我想說的是，明星若只倚仗人氣很危險。

仔細想來，明星是這世上非常有趣的存在。尤其是電影明星。他們不是因為演技精湛而受世人喜愛。說他們是靠演技和才藝，不如說他們是靠自身的外型和天生的容貌博得大眾好感。當明星天生的外型和容貌符合時代的喜好、與大眾憧憬的當代氣氛一致時，就會得到連本人都始料未及的人氣。

明星制度當然不是對卓越藝術家的尊敬，只是一般大眾的憧憬、喜愛，是迷人的偶像。電影公司打的算盤就是利用那個人氣，因為慣例顯示，來看電影的大眾認為電影最大的樂趣就在於此。人們被明星身上散發出來的一種無名魅力吸引。有的是純情可愛美，有的是豐滿妖嬈美，有的是悽悽哀切，有的是豪爽開朗，也有俊男的溫柔。還有充滿知性的高尚美，反文化的野蠻化身，甚至頹廢的象徵。人們各有所「好」。

以《安城家的舞會》等作品走紅的森雅之是一例；三船敏郎在《酩酊天使》中突然抓住世人注目也是一例。極端而言，這幾近大眾的偶像崇拜。

但對導演而言，以明星為主的制度如何呢？我並不想否定它。雖然走過頭的明星制度令我困擾，但一定程度的重視明星，我認為勢在必行。簡單說，因為有明星演出的作品是賣座保證。但我並沒有依賴明星的想法，即使沒有明星，我也有完成工作的自信，但如果有明星，也不覺得很累贅，反而是一種便利性，多半能成為助力，這樣一來，我毋寧是歡迎明星的。我感到困擾的是被迫找來一時賣座而崛起的明星，但如果是演技紮實、領悟力高的明星，我更樂於共事，實際上也這麼做。

至於演技，明星在電影圈的壽命多半也受演技左右，不論多麼符合時代喜愛的明星，如果缺乏演技，也會在不知不覺中被世人厭倦。對演員而言，最重要的是演技和才藝，專心致力於演技才藝，是所有演員不可或缺的條件。但放眼望去當今的日本電影界，真正這麼做的到底有幾人，真是讓人心虛。

然而，大多數明星都安居目前的人氣中，對於演技修業不屑一顧，忙著穿梭各家公司談片酬，真是可惜。

有的導演不太喜歡用明星，盡量避免現成的明星，挑選有力的新人組成演員陣容，但這種做法，要對自己的眼光有強烈的自信，搭配完整的企劃。因為這攸關賣座，得冒很大風險。一旦成功，就是前所未有的劃時代作品，導演的野心也能開花結果，因此這種做法，確實大膽有趣。清水宏的《蜂巢之子》就是一個成功的例子。

不想用現成明星的導演，多半是走半紀錄片路線的人，原因之一是如果畫面上出現現成的明星，往往會破壞寫實的感覺。像半紀錄片那種具有獨特的真實感、不使用攝影棚、需要完整呈現有如事件現場氣氛效果的作品，出場人物若是平常銀幕上熟識的明星，很容易壞事。因此選角時盡量選擇觀眾不太熟悉的演員，較能做出宛如當事者的感覺。《*The Naked City*》的成功，得自於毫不妥協地實施這個計劃，因為，我們除了巴瑞・費茲傑羅（Barry Fitzgerald）外，對其他演員幾乎一無所知。

因為這個緣故，半紀錄片幾乎不用賣座明星。但不是說明星就一定不適合半紀錄片，也有因為角色需要而由明星出場的時候，但一般都是提拔無名新人居多。再怎麼說，半紀錄片還是以導演為主，與明星制度的關係很淡。

話題再回到明星身上。不思考如何培養明星，正是日本電影圈的缺點。大家只想找現成的明星拍戲，成天睜大眼睛上演激烈的明星爭奪戰。然而，那些終究是今日賣座的明星，完全沒人思考如何培養能肩負今後電影事業的明日之星。這種粗暴的對待方式，恐將引發現有明星人材日漸趨枯竭卻不見替補的可怕事態。大概不出五、六年，日本影壇像明星的明星必然絕跡。

這一點，我們大家都該慎重思考。

以前的大船廠長城戶四郎就極有眼光。他被譽為「明星製造機」，對於明星的養成，有先見之明和手腕。他從新人中培養能夠獨當一面的明星，深得箇中訣竅。當時其他公司頻頻挖角大船的明星，但不論怎麼挖角，大船還是能夠源源不斷培養出新明星。這本事令人敬佩。大致而言，提拔新人時，最上之策是讓新人搭配當紅明星一起演出，這比讓新人獨挑大樑來得安全，也更快獲得人氣。秘訣是盡可能安排新人演出令人同情的角色，尤其是女演員，演大明星主角的妹妹或密友最好。觀眾會因為她和自己喜歡的主角（大明星）是同一國的關係，愛屋及烏。這樣看了幾次下來，也喜歡上這個新人了。

城戶製作人運用這個方法，不斷打造出新銳女星，栗島澄子就是從妹妹角色建立今天如日中天的地位。另外，城戶也會要求導演替新人安排適當角色，而導演們多樂於接受。但如果是現在，導演未必輕易接受這種要求吧！現在和以前不同，導演是簽契約，一部電影定生死，不願意在計劃之外做任何冒險。為確保賣座的成功率，選角時盡量選用現有的明星陣容。這也是新人明星無法出頭的主因。

從這種情況來看，我們應該關心新人的養成。如果沒有後續的明星部隊，電影界也就失去最有力的武器。對於明星制度的存續與否，我沒有那麼多依戀，只是想到明星潛力寥寥無幾的明日日本影壇，難免感到悲從中來。

——《電影旬報》，一九四九年四月上旬號

性格與表情

如果只有表情好，我認為不行。只是精湛表現悲傷或快樂，也就是臉部肌肉動作收放自如，我認為輕而易舉。

現在的日本電影演員，絕不缺乏表情。雖然人們常說日本人沒有表情，但至少在演員方面，與美國人相較，表情豐富許多。但不能說因為很會表現表情就是優秀演員，在我看來，表情的好壞並不是關鍵。

重要的是性格。好演員應該是能掌握性格，掌握了性格之後，感情能自然流露。如果不能掌握性格、徒然釋放感情，那只是很會作表情的演員。如果只要悲傷就哭、高興就笑，不必找來電影演員，每個人都做得到。我倒覺得哭、笑等感情上的表現，最多佔演技的三、四成吧！

導演要的不是演員釋放感情，而是他們如何壓抑感情。像《長屋紳士錄》裡面飾演母親的飯田蝶子看起來過於接收我的要求，因此沒有誇大一般母親性格的企圖。

性格是什麼？就是「人」，人的味道沒有出來就不行。我認為這是所有藝術的宿命。即使感情出來了，人味沒有出來就不行。表情做到百分之百，性格表現就無法發揮。極端地說，表情會妨礙性格表現。

談到壓抑，要如何壓抑感情而展現性格呢？《俠骨柔情》（*My darling Clementine*）的亨利・方達（Henry Jaynes Fonda）在理髮店灑了香水、霍地站起身，就是那個，這就是約翰・福特（John Ford）的厲害之處。方達用腳頂著柱子、坐在椅子上大幅度向後仰、冷哼一聲。亨利・方達和約翰・福特氣味相投，不只有《俠骨柔情》讓我心生羨慕。約翰・福特作品中的亨利・方達總是表現出色，像《怒火之花》（*The Grapes of Wrath*）和《少年林肯》（*Young Mr. Lincoln*）都是。

威廉・惠勒（William Wyler）的作品中有壓抑感情的表現嗎？他應該很想看到才對。像《忠勇之家》（*Mrs. Miniver*）的貝蒂・戴維斯（Bette Davis）在惠勒的鏡頭下，簡直像變了個人似地美麗。《小狐狸》（*The Little Foxes*）中，她在垂死的丈夫赫伯・馬歇爾（Herbert Marshall）旁邊站著泡茶，沒有任何表情，平靜地泡茶，只聽到茶杯發出喀欽、喀欽的聲音。《香箋淚》（*The Little*）裡的貝蒂・戴維斯也很好。雖然對惠勒有些失禮，但我覺得他似乎有被虐待的傾向。看了《香箋淚》和《小狐狸》，我是這樣想的。貝蒂・戴維斯和在其他片中的模樣完全不同，演技清新。

金・維多（King Wallis Vidor）的《太陽浴血記》（*Duel in the Sun*）呢？維多果然也希望看到。只有維多能利用彩色電影好好發揮。約翰・福特的《*Drums Along the Mohawk*》就非常無聊，福特視此為教訓，之後未再拍攝彩色片。惠勒也沒有拍過特藝七彩片。

我打算以豪華卡司拍攝《月亮出來了》，非常五光十色的陣容，因為《長屋紳士錄》太樸素了。

——田中真澄編，《小津安二郎戰後語錄集成》，Film Art社，一九八九年

寄望石原裕次郎

我見過石原慎太郎兩、三次，是個相當優秀的青年，想談談他的弟弟裕次郎。我實際上沒有看過他的作品，但卻一直非常關心他，可能因為身邊的人說了很多他的事，讓我以為他大概是這樣的青年吧，我就來說說這件事。根據各方所聞，他身上具有非常新的特質。例如，他乍看肢體有些僵硬，其實動作輕快而有知性，看似秉性善良，但是又有一點邪氣魅力，演戲時非常冷，沒有氾濫的情緒。這種看似善良卻有點壞的樣子，從過去就是很受影迷喜愛的型，沒什麼特別。雖然可歸諸於是世代的新意，但世代不是造成人類特質不同的原因。

在戰時和戰後，人並沒有那麼大的改變，如果有所改變，也是風俗、規則這些社會性改變。這些特性容易讓人的眼睛看到，因此感覺一切都變了，事實上，人的本性沒有那麼容易改變。

同樣是二十多歲的人，二十歲出頭的和接近三十歲的人，仍有細微的差別。有人說石原裕次郎的型是某一世代的典型，但應該沒有人刻意這樣區分的吧！

他靠著《勝利者》、《掀起風暴的男人》和《夜之牙》等一系列動作片迅速走紅。我聽過可以相信的朋友說，他在田坂具隆的《嬰兒車》裡飾演樸實坦率的青年，演得非常好。如果能啟發他原有的特質，應該更值得期待。他有種純樸天真、無憂無慮、輕鬆享受生活的態度。

我沒看過他的演技，所以只能臆測，他的人氣是像慎太郎出版《太陽的季節》時一樣，媒體蜂擁而上，不管作品如何就胡亂吹捧一番？還是演員的本質中真的具有某種震撼別人的東西？如果真的有新意，那真是難以想像了。

現在的演員有某種傾向。導演在攝影機前指導演戲，要演員側臉對著攝影機時，演員只要直接轉過臉去就好，但有的人就是會用向著攝影機的半邊臉展現演技。那不是全身的演技，只是攝影機照到的部分演技，既被誇大也完全不自然。但他本人認為這就是演技。很多人一拿到劇本，就認定這個角色要這種表情，先從表情入戲。

裕次郎的情況像是投入感情理解角色，然後做出表情。好像攝影機埋在他身體某處，幾乎不在意鏡頭在哪邊而演。

或許以前的演員，例如小生就做出像小生的動作和表情，因而讓觀眾產生「那傢伙資質不錯、面容皎好，但是讓人討厭」的感覺，想看到不是這樣演出、而是誠摯、不刻意中自然顯現精湛演技的演員，但是一直沒盼到。

裕次郎大概是隨著身體律動，大膽面對攝影機，在沒意識到鏡頭的情況下挺身而演。或許就是這點讓大家感到新意。演戲最忌諱像什麼。重要的是真實地生活在銀幕中。過去的明星太在意形式，以為符合形式就是一種演技。

如果我對裕次郎的直覺是對的，我希望他好好發展這個特質。這樣一來，今後的新人會和以前的老明星不同，不用擺出奇怪的姿勢，而以平常心做自己。我期待這樣的人能夠愈來愈多。

——《映畫評論》，一九五八年三月號

靈敏的原節子和高峰秀子

外國導演來日本拍電影是有種種助益，最值得感謝的，是改善了片廠設備，果然是一流人才所致。

我一直注意黑澤明，我喜歡他的《野狗》，但我有點擔心他最近似乎重蹈內田吐夢的覆轍。

吐夢拍了許多優秀的作品，但在換換花樣的**實驗**中，拍出過於概念性而無趣的電影。

我電影中的女演員們，原節子和高峰秀子很優秀。她們都能準確無誤地領會我的想法，誠摯表現出來。高峰秀子現在正值尷尬年齡，和少女與女人兩邊都搭不上邊。原節子擅長的戲路非常明確，像黑澤明那樣找她合作，無法展現她的優點。

就我長期對女演員的觀察，新人時期就常是獨行俠的會成為好演員。經常有好友作陪、走到哪裡都結伴而行的，通常成不了大器。因為她們會顧慮彼此。以《離別的雲》一片復出影壇的川崎弘子以前總是獨自一人出現片廠，但一站到攝影機前，就有與眾不同的大膽演技。在底下苦熬的人常認為導演不用自己，是一種怠慢，其實導演一直在細心搜尋好演員。發掘井川邦子的導演，是看到她把鞋子放進鞋櫃的姿勢而起意「用她」。獨自對鏡子表演、自覺「我是這麼會演」、一旦站到鏡頭前就不知所措的情形，比比皆是。就像用手指寫字時靈巧生動，但正式拿筆寫在紙上時卻不能看一樣。

——《每日新聞》，一九五二年一月二十二日

原節子

我拍了二十多年的電影，像原節子那樣能夠深入理解揣摩而展現精湛演技的女演員，非常罕見。雖然戲路有點窄，但原小姐在適合的角色時，總能展現深度演技。有人因為她演不出大嗓婆、保姆、老闆娘之類的嘴臉和性格，批評「原節子不會演戲」，這反而透露出導演自己的視人不明，沒認清演員的戲路。

電影既然是在描寫人，也就必須表現知性、教養這些特質，我的意思是，原小姐的演技很有內容。當然，如果原小姐結了婚，又會展現不同的一面……

原節子代表日本人，這個評語很好，非常好。

實際上，這不是恭維，我認為她是最好的日本電影女星。

——《朝日藝能新聞》，一九五一年九月九日

第三輯

在戰地思考電影

●

抱著否定的精神，

一定無法拍出戰爭片，

非得積極面對一切不可，

從中展現人的強韌。

我在戰地思考戰爭電影

既然來到戰場，我當然不敢期望生還……倒是體驗戰爭以後，才有自信製作真正的戰爭片。從現實的戰爭來看，過去那個透過大聲公描繪未知世界的經歷，有著無法點出問題的模糊不清，很不踏實。實際參與戰爭，真正體驗過。如果生還，我想以這個體驗為基礎，拍攝寫實的電影。

——田中真澄編，《小津安二郎全發言》，泰流社，一九八七年

秋高氣爽的前線

待了一年多，戰地不再是緊張刺激的氣氛。心想只要有命回去，就拍部戰爭片。在南京看了《五個偵察兵》和《螢之光》，和在東京看的感受不同：買票當觀眾，心情輕鬆。看到其他大兵觀眾在放映中不斷嘲諷、喝倒彩，很是愉快。《五個偵察兵》裡的班長最先歸隊，我覺得不太妥當，至少應該擺在第三位。其他還有太過做作等種種批評，但以遵循國策的日本戰爭片而言，算是成功的。影片中有很多香菸，那是騙人的。在戰地，有時連根火柴都沒有。我想，影片中若加入用鏡片反射的陽光照著火藥、讓它起火、再點燃香菸，應該夠寫實，不錯。

吃飯盒和上子彈的動作等細節都拍得很好，小杉勇等人的精采演出非常成功。

在戰地給軍人看的電影，沒有故事也沒有導演，只要有漂亮女生出場，就皆大歡喜。在南京見到佐野周二。山中貞雄發生憾事，讀了《朝日新聞》後一驚。

他好像也相當辛苦。他在報上抒懷：因為沒有香菸，用野草代替，味道最好的是蓬草。

我的部隊目前休養中，每天悠哉抓魚、吃地瓜，得以恢復精神，身體健康。

——田中真澄編，《小津安二郎全發言》，泰流社，一九八七年

懷念跳蚤

攻陷南昌是在春天。

打從修水河的渡河戰，我們夜以繼日地追擊。

到處都是盛開的油菜花，在油菜花田中迎接黎明，在油菜花田中目送黃昏。

天剛亮，陽光下一片鮮黃，睡眠不足的眼睛瞇起來，那是「還活著的眼睛感到油菜花刺眼」。天色昏暗時，那片鮮黃在夜空下反白，殘影一直留在眼睛裡。

身上就這套軍服，沾滿灰塵、汗水和汙垢，身上的裝備陷進肩膀，痛不可支，腳底長滿水泡。

我想喝水，想喝自來水。如果現在中彈身亡，裝在骨灰盒裡送回東京時，請幫我好好地在上面澆上自來水。

趴在田埂上，喝稻田裡的水。水中映著春日的天空，蝌蚪在游泳。

我只能凝視腳尖、默默地繼續走。

沒走幾步，又是一窪水。

猛然抬眼，又一大片油菜花田、湛藍的天空、蜿蜒前進的部隊。這是一幅美麗的風景。可是，裡面的每一個人都咬緊牙根忍受所有的困苦，忍受匱乏。在這美麗的人流中，我也身在其中。

這時，我感覺到背上有一隻跳蚤。如果中彈身亡，我的屍體會漸漸變冷。跳蚤一定會這樣說：「就是現在，咬他！」然後，牠會毫不留戀地離開我的身體，跳到另一個士兵身上。

然而，我對這隻跳蚤產生莫名的感情。這隻跳蚤一定是在某處目睹了戰友陣亡後才跟來的。我甚至想，我要竭盡全力、用盡耐性、努力把牠帶到南昌不可。

本。

退伍已經兩年，我在茅崎的海邊旅館裡，絞盡腦汁寫著下部作品的劇半夜被跳蚤咬醒，點著火柴在蚊帳中四處找尋，無端懷念起當時的美麗風景和投以感情的跳蚤。

——《朝日新聞》，一九四一年八月四日

體驗戰爭

啊，終於平安歸來，遺憾的是失去許多戰友。還有我正得意平安無事，卻在即將退伍返鄉之際，在九江染上瘧疾。總算治療痊癒，不過瘦了七公斤左右。

日本沒變。在戰地聽說內地已經沒有霓虹燈了，可是××一帶還是七彩璀璨，讓大家驚呼：「霓虹燈，有啊！有啊！」光是這點，就感覺自己也沒變。電影雖然看得少，但報紙雜誌、尤其是雜誌，在南京大抵可以買來看，所以心裡大致有個底。

電影只看了成瀨巳喜男的《三兄弟》和田坂具隆的《五名偵察兵》。我覺得《五名偵察兵》很好看而推薦後，部隊長率領全體官兵觀賞。此外，就不太去想電影的事情。因為我們的行軍路線從上海到大場鎮、從蘇州河的戰事到鎮江、滁縣、定遠，在定遠警備，參加徐州會戰。繞過宿縣、蚌埠、南京、安慶、大別山到信陽、從漢口轉向北方，從玉城回到南昌，全程一千五、六百里。我們真能走。幸好沒有脫隊，但最後攻擊南昌一役時，因腳踝腫大而休息。

第一次體驗敵人的子彈是在滁縣，無情地愣然射來，但後來就漸漸習慣了。剛開始時不自覺拚命喝酒，藉幾分酒意行事。到最後就不在乎了。砍人時也像演古裝劇一樣。掄刀砍下時，暫時不動。啊！倒下了，戲劇果然很寫實。我竟然還有心情注意到這些事情。

中國兵丟手榴彈技術之巧，讓我吃盡了苦頭，絕不讓他們靠近一步。他們大喊一聲衝過來，奮勇投擲。起初我方損傷慘重，但我們也想出應變方法，光用聲音誘使他們投完所有的手榴彈後再衝出去，對方措手不及。感動的故事有很多，南昌會戰時，飯田部隊長的奮戰英姿讓我驚訝萬分，雖然負傷，仍讓部下抬著繼續指揮作戰，隔天終於因出血過多而倒下；另一個是在追擊破壞橋梁的中國軍隊時，一名老兵逃跑不及，乾脆坐在地上、低頭認命。部隊長手槍雖指著他，但沒開槍，要他快走、快走，讓我看到他慈悲的另一面。

戰爭中最令我困擾的是，我的身材高大，軍服需要特大號。戰地也沒得替換，害我一路尋找裁縫。因此，前年直到除夕，我還穿著夏季軍服。

我在戰爭中有什麼體驗？文將以什麼樣的風格呈現？那些都還是雜亂無章的筆記，而且有一半還遺留在當地，要談這些事還早得很。我出發前留下《父親在世時》的劇本，大概會拍吧！廠長叫我先好好靜養，我也希望想好後再重新出發。

——田中真澄編，《小津安二郎全發言》，泰流社，一九八七年

在悲壯本質中加入正面元素的戰爭片

在東京拍電影，所見所聞都是深入**體會**後的心得，但在戰地，徘徊生死之境，根本沒有想法。像我這樣並不純熟、從軍兩年、自知技術落伍的人，打算以重新出發的氣勢奮鬥打拚。雖然還沒決定拍什麼，但剛開始一定以量為先，等到技術熟練後，再以輕鬆的心情製作大片。當然會拍戰爭片和軍隊片。

或許有人認為，小津回來後會拍出奇怪的東西。我在戰地是吃了點苦頭，多少有改變，但我大概不會拍陰暗憂鬱的片子。就算是陰暗憂鬱的片子，我也想在其中追求正面價值，力求在悲壯的本質中加入正面元素。在戰地，只有立於積極肯定精神下的現實主義，才能如實看清實際存在的事物。

今後我將利用電影重新檢討這一點。

等我拍戰爭片時，要更進一步研究火藥，因為在音效方面，日本式、捷克式和水冷式的機關槍、迫擊砲等聲音都各有特色，必須細膩做到那個地步才行。我不想拍出一部鑼鼓喧天、充滿雜音的戰爭片。我在戰場上讀著好友山中貞雄的遺書，他在戰爭中依然保持對電影的熾烈情感，令人動容。不能再混了，我必須繼續努力。等我探望他的家人後，再為電影長期奮戰。

——田中真澄編，《小津安二郎全發言》，泰流社，一九八七年

訪談整理

啊、歸來第一作！

啊，好久不見。好冷。這一冷，就想起戰地。去年此時，我在什麼地方呢？在××附近吧！說到冷，這裡的冷和戰地的冷比起來，簡直沒得比。人啊、很奢侈。現在沒有火盆就受不了，但是去年此時，卻若無其事的在寒風中前進。想著那時的景況，卻還嫌棄現在偎著的火盆不夠暖，我宛如作夢。最近開始整理在那邊用徠卡相機拍的相片（小津先生同時從桌下抽出剪貼本子給我看，整理得很好）。總共有四千張左右。我整理時，不時愕然。這張忘了是在哪裡，總之迫擊炮就打中我身邊不到六呎的地方，泥土狠狠濺到我臉上。

我以為中彈了！實際上，人會活多久根本無法預測。有些人沒有中彈、平安歸來，卻因病而死。我想整理好這些相片後，趁過年送去戰友家裡。有人生還，有人榮譽戰死。陣亡同袍的家屬看到骨肉至親英勇奮戰的模樣，肯定會光榮驕傲吧！那是平安歸來的我至少能為戰友盡點心意的友情。

最近瘧疾復發，一直躺到昨天。幸好這次劇本已先寫好。池田忠雄正在做最後的整理。有一段時間我連劇本都寫不出來，不知所措，狀況就是不對勁，只能完全仰賴池田忠雄。

至於我的戰後第一作，公司和社會都議論紛紛。其實打仗前的小津安二郎和現在的小津安二郎沒有不同，真要有什麼不同，是我的心情變得開闊了。以前常有人說，小津的作品非常黑暗陰鬱、無可救藥。但這次不會這樣了，因為負面的心情拍不出戰爭。說起來，抱著否定的精神，一定無法拍出戰爭片，非得積極面對一切不可，從中展現人的強韌。哭哭啼啼無法豁出性命而戰，我們需要勇氣，需要被打倒了還能夠站起來的氣魄。用電影述說時，需要有救贖，需要明天的希望。如此一來，我比任何人都更嚴格地批判我的舊作，像是《獨生子》和《我出生了，但……》，勉強稱不上完成的作品。我甚至認為，那都是過去的另一個小津安二郎導演拍的電影。我必須從那裡再前進一步。人不是絕對需要「我出生了，但……」的感慨，而是必須感謝出生。必須對自己活著的事實擁有自信、感到生存價值；必須堅強，永遠抱持野心。否則，無法度過這一生。

至於我的下部電影，不是戰爭片。想想看，我有兩年時間，雙腳每天陷在泥濘中，怎麼可能立刻在電影中重來一次。

可能是生活太沒有變化，戰爭體驗很難得，我會好好收藏在心裡。或許將來我會拍戰爭片，但現在沒有這個心情，即使要拍，也拍不出好作品。因為經驗太歷歷在目，必須將它壓下、沉澱，變成真正屬於自己的東西才行。

下次的電影要拍什麼？我不是有部《淑女忘記了什麼》嗎？我拍續集好了。我大概說一下劇情。

有三個有閒有錢的太太，整天商量日子如何過得有趣。其中一位的老公與眾不同，庸俗無趣，穿著隨便，吃飯喜歡泡味噌湯，香菸抽鴿子牌，火車只坐三等車廂，和太太們生活在完全不同世界。

後來這男人要上戰場。他老婆、其中一位有閒有錢的太太大為吃驚，但是老公卻文風不動、不慌張。反而因此顯出男人真正的價值。與其說這是討論有閒夫人和這個男人的生活想法哪一個正確，不如說我有意誇大描述生活在兩個不同世界的人以尋求世人的批判，如此而已。

我們生活中是否忘記了重要的什麼呢？我想暗示這一點。不試怎麼知道結果好不好呢？

我回來後看了很多電影，雖然每部片子都不錯，又總覺得哪裡不足。沒有讓我感到震撼的作品，倒是導演手法好到不能再好……我最近在想，這可能是日本電影最大缺點。但我一點也沒把握，下部電影能否充分表現出來。

我打算以休養的心情輕鬆拍一、兩部電影。我還年輕，電影工作並非一朝一夕的工作，我打算秉持耐性做。

什麼時候開拍呢？雖然說新春開始，但過年的時候事情很多，恐怕無法如期展開，只要趕得上三月或四月上映就行。片名還沒定案，我想叫「老公去南京」，如何？

這部作品之後，我想拍之前有些進度的《父親在世時》。那是我出征前寫好的劇本，現在當然需要大幅修正。

唉，歸來第一作，我還沒有那個打算。我仍想用以前同樣優閒的心情拍片，也希望你們以那樣的心情來看。

——田中真澄編，《小津安二郎全發言》，泰流社，一九八七年

為什麼我不拍戰爭片

歸來第一作不拍戰爭片，是因為現在各方面條件未必能滿足我想拍的戰爭電影。但我仍然想拍一部戰爭片。我想，火野葦平可能也是如今才寫出真正的戰爭小說。我今後打算拍《獨生子》之類的作品。

《老公去南京》是我和池田忠雄共同撰寫的劇本。

描述一群有閒有錢的太太放下老公不管，到處遊玩。有回出去旅行時，其中一人接到電報說老公應召入伍，此事畢竟非同小可，匆匆趕回家一看，老公沒事似地呼呼大睡，太太這下才領會男人的重要。

劇情就是這樣，但電影中完全沒有出現南京。內容算是喜劇，是我第三次拍攝有聲電影，遇到相當多困難。這部電影的臺詞非常多，約有《獨生子》的三倍。

回國以後，也看了不少外國電影，但美國電影幾乎沒有可以學習的地方。能夠學的，大概只有技術面的攝影技術。最近看了美國片《天使之翼》（*Only Angels Have Wings*）、法國片《少女感化院》（*Prisons sans barreaux*），我很佩服《天使之翼》的編劇Jules Furthman，他埋設伏筆和炒熱氣氛的手法無懈可擊，就像齒輪咬合一樣精確，只不過片子感覺已是老調。

我對《少女感化院》有些不滿意，不過仍是精采之作。美國片多屬大製作。大概我身兼監製的關係，總覺得那種類型的電影花費龐大資金，很划不來。

我的作品以原創劇本居多，有一些是參考外國的作品。我不改編小說和戲劇，並不是我討厭將小說和戲劇改編成電影，而是沒有我想改編的。即使有不錯的作品，多半也讓我覺得與其拍成電影，不如維持小說或戲劇的形式較好。所以，如果真的有好作品，我是不排除電影化。

這次的劇本是和池田忠雄共同撰寫。我覺得和別人合寫劇本，比獨自埋頭苦寫順利。我自己寫劇本的時候，會不知道怎麼處理這個場面某人的臺詞，如果兩人一起寫，立刻可以決定。

——田中真澄編，《小津安二郎全發言》，泰流社，一九八七年

今後的日本電影該怎麼走

戰前的日本電影

在戰前，我國歡迎外國電影，尤其是美國片，知識階層喜好洋片，不看日本片。但從昭和十年開始，日本也出現優秀電影作品，達到能與洋片抗衡的水準。不只吸引一般大眾，也吸引知識階層，可謂雅俗共賞。但隨著時局進展，國家開始限制、禁止進口外語片，戰爭爆發後更禁止上映。另一方面，日本電影因為電影法的實施而水準漸趨低落。觀眾除了日本片，沒有其他電影可看，雖然不滿也只能接受。這雖是普遍趨勢，但我們依然不能忽視其中少數勇於挑戰重重困難的佳作。

讓日本電影發展低落的，是電影人士的不用功，但錯推電影法，是更大主因。電影法本來是為了提升我國國民文化，助長電影事業健全進步發展，於昭和十四年十月公布實施。依據該法，電影製作改為許可制度，導演、攝影技師、演員都適用登錄制度，不只電影完成後要接受檢閱，在開拍前就要先將劇本送交文部、內務兩省嚴格審查。檢閱審查一事基於該法的精神，但實際上卻常發生違反該法精神的情況。例如，描述一名酗酒又不忠於工作的勞動者被時局驚醒、幡然悔悟而更生的過程——不能拍成電影，因為檢閱當局認為，當今時局不存在酗酒又不忠於工作的勞動者。政府不允許以惡對照性地突顯善的價值。以顏色比喻，如果要表現對照於黑色的白色時，可以盡量表現更鮮明的白色，但絕對禁止使用黑色，只能以白色一個顏色來表現。連以國家權力管制電影比我國更嚴格的納粹德國，在這方面都比我們寬鬆得多。

另外，檢閱當局會根據各監督部會的指示和抗議，命令製片公司修改劇本，以免遭到追究。劇本是電影的藍圖，是組成內容的素材，檢閱當局沒有洞察這些素材的能力，因此劇本成為各部會以種種形式干涉檢閱的藉口，有時候也是一道防線。這種檢閱制度完全外行看待電影，當然造成不少改壞的劇本。

另外，再提及登錄制度，因為該法實施後，想當導演、攝影技師和演員的人都須先接受技能審查，如果不及格，就不能從事電影工作。我是技能審查委員，但我還是有話要說。例如審查演員時，有人即使外表和演技都有望成為演員，但常識測驗沒有達到五十分的及格標準，只拿到四十五分，僅僅五分之差，就被判定為不及格而刷掉。這乍看似乎合理，其實根本沒道理。那些常識可待實際從事電影工作後學得，重要的是具備演員的素質，這種做法無異本末倒置。

這些只是錯用電影法而產生的二、三害處，我們不能否認，它正把日本電影導向無益於電影健全發展的方向，有違原本立法目的。

今後的日本電影

幸好，這道電影法在本屆國會中被廢除，形式上，電影界又回到立法以前的地位，從拘束電影的種種限制中獲得解放。檢閱改由盟軍總司令部實施，我們期待電影界遵循這條確立民主主義的路線而有活潑的發展。但因為物資匱乏等其他關係，我不認為很快會有大製作的作品。

我在新加坡看了一百多部美國片，主要是一九三八年到一九四一年之間的電影，感覺這段期間美國電影動向和日本電影發展如出一轍。

這時候的美國電影大致有文藝片、明星片和彩色片等類型，但主流還是文藝片。舞臺劇大賣座後搬上銀幕的《菸草路》（*Tobacco Road*），史坦貝克（John Ernst Steinbeck）原作、約翰．福特導演的《怒火之花》（*The Grapes of Wrath*），雖然也屬於這個類型，但這兩部作品非常寫實地描述美國貧窮農民的悲慘生活，主演的也不是明星，而是演技非常紮實的純樸演員。曾經是美國電影主流的洗練抒情片，從這時起開始衰微，被這種寫實主義電影取代。這種不純粹以揭發美國現實為樂、而是更徹底凝視現實精神的電影，形成今日主流。

另一方面，明星制度掛帥的片子一如過去，在數量上遠比前者為多。

彩色片藉著龐大資金和優秀的科技，在美國率先出品，作品也不少，其中也有像是一九三九年奧斯卡最佳影片《亂世佳人》的佳作。另外，也有不少優秀的彩色卡通片，如《小飛象》（*Dumbo*）、《幻想曲》（*Fantasia*）。目前為止，彩色片都是歡樂活潑的明星制度電影，如果無法預期到極高的賣座成績，恐無預算拍成彩色片。

戰爭後的日本電影也循著美國電影的路線前進。戰爭帶來的疲弊、戰後的混亂，加上民生極度窘迫，國民陷於非常絕望的心境。在這情勢下產生的電影主流，大概是昧於生活現實而帶有浪漫主義色彩的片子吧！但我不以為然。第一次世界大戰後陷於疲敝困頓的德國，藝術運動並沒有奔向浪漫主義，反而比戰前更加強寫實的傾向。我想，今後的日本電影也和這個情況相同，正視殘酷現實而致力解決問題的寫實主義電影，製作片數雖少，但勢必成為主流；而且這個寫實主義比戰前更徹底、更深入。實際上也必須如此。在轉向如此鮮明的寫實主義以前，雖然產生許多利用戰後混亂皮相以譁眾取寵的喜劇和揭發主義的電影，但那只是過渡時期的現象，日本電影必須被更深入的寫實主義淨化。但這樣的寫實主義能帶有多少希望？是我最關心的事。當然，這個希望不能失之輕薄，必須貫徹面對嚴峻現實的精神，更徹底地實踐。

除了形成主流的寫實主義電影，明星制度下的電影作品將捲土重生。在整個戰爭期間，電影圈並不時興明星制度，觀眾因此感到落寞。具有娛樂性質的電影，依然會是俊男美女當道，現在的明星當然也會歷經一番淘汰，明星臉孔可能全面更新吧！栽培新明星，再度採用明星制度，繼續拍攝俊男美女演出的電影。

在日本彩色電影已有相當研究，但還沒實現之前，戰爭即爆發，受到種種限制，直到今天還沒有成果。但是今後，可以比照戰前繳交權利金租借美國有聲電影的西洋技術那樣，向彩色電影製作公司租用設備，藉此一舉促進日本的彩色片發展。雖然彩色片將有所進展，但以前的黑白片依然會繼續製作。現在的彩色片在技術上已有相當進步，但畫面的陰暗部分無法表現出黑白片的細緻。事實上美國的一流導演都還沒有正式著手拍攝彩色片。

彩色片就像用浮世繪的碗盤吃天婦羅蓋飯，就像我有時候想用藍紋花釉的陶盤裝茄子泡菜來吃一樣，我喜愛以前的黑白片。這個情況大概會持續到彩色片更具備完美的表現力為止。

——《文化時論》，私家版，一九四六年一月十一日

發揮年齡的優勢

要我坦白說出對電影界現狀的感想，是「戰爭已經結束一年了，我們太閒散了啊！」作品內容如此，業界整體也如此，例如新人明星都跑哪兒去了？再怎麼說，電影業界的核心還是明星，應該不斷培養素質優秀的新人。現在的大船片廠，很多人我都不認識，不知道他們的實力如何？老一輩的飯田蝶子、吉川滿子雖仍健在，但都已被當成喜劇演員，令我吃驚不已。我從來沒把她們當成喜劇演員過。

與其說觀眾變了，不如說是作品的質降低了，這是戰時競拍無法提升觀眾素質作品的惡果。對於這樣的觀眾，應該製作什麼樣的電影呢？我還是想加入歡樂的內容。

即使材料是黑暗的，處理角度也要正面開朗。但實際上正好相反的情況似乎很多。揭發性的題材也不錯，但必須正確地批判和監督現實。

雖然攝影器材品質低落是重擔，有人因而擔心我們能否追上美國電影的明快節奏，其實不必太在意，日本人的步調本來就不同。勉強追上，大概也不是日本電影了，不如多放一點熱情和心力。

然後，我希望「導演」仍然是「導演」，「統籌演出」不過是導演工作的一部分。最近，我和清水宏、井上金太郎、溝口健二談到，今後彼此要發揮年齡的優勢，做自己想做的。總之，希望從年底或明年起，我每年至少拍一部電影。

——《東京新聞》，一九四六年七月二十二日

酒與戰敗

戰爭結束前我人在新加坡的軍聞社。雖然還在處理軍方相關的報導工作，但幾天前就耳聞戰爭結束的風聲。我從宿舍往外看，平常燈火管制嚴密的街上此刻燈火通明。心想，果然是真的，結果八月十五日就來了。這段時間的變化，就像很長的一段「重疊」畫面，並沒有帶給我很大震撼。

留在記憶中的淨是戰敗氣氛越發濃厚，以軍人為首的高層為戰敗而切腹自殺的畫面。雖然切腹沒那麼簡單，但我不能獨自苟活，無可奈何之下，乾脆弄到一些德國製的安眠藥Veronal，摻在酒裡喝下，醉醺醺地爽快死掉……的確很像我的風格。然而，真正戰敗之後，那些叫囂要切腹的軍人認敗姿態實在太鮮明，那麼直截了當地輕易認輸。看著他們，我覺得，日本人一定有戰敗傳統。雖然說日本在歷史上不曾輸過，但是在我們的血液中，一定流著戰敗的經驗。

——《電影旬報》，一九六〇年八月下旬號

雁來紅之記
悼至道院一周年

山中（貞雄）收到召集令是在夏天，我記得確實是昭和十二年八月二十五日，頓時感到戰爭的腳步已逼近身邊。

隔天下午，山中和瀧澤英輔、岸松雄一起來到我高輪住處。我正和池田忠雄、柳井隆雄討論劇本，大夥撥開桌上的稿紙，開了啤酒，舉杯慶祝。

我們聊了一輪上海戰事，還有要帶到戰場的隨身物品，詳細羅列記下：筆記本、小刀、曼秀雷敦軟膏……

山中望著院子，突然說：「小津，你的花種得很好嘛！」院子裡，雁來紅在秋日的陽光下盛開。有股難以想像此刻上海正在激戰的寧靜。短短一句話中，有著山中此刻的感慨。

不久，山中離開我家。出席當天在東寶片廠為他舉辦的餞別會。

十五天後，我也接到召集令。

隔年秋天。

中國也到處盛開雁來紅。開在桐城、固始、光州、信陽等地傾頹崩壞的民宅，不論是在向陽處或路邊，都讓我想起那天的山中和高輪的庭院。不久，卻傳來山中客死沙場的噩耗。

秋深時節，東京的來信都提到雁來紅。

前些天到府上拜訪令堂。令堂依然健康硬朗，令人敬佩。院中一株雞頭（雁來紅），逆受陽光，鮮紅入眼。下方葉子褪色，蔫蔫下垂而顯悲傷。

令堂與我自然聊到山中。

內田吐夢

《兒童的四季》取景地，雁來紅開得甚美。即使覺得很美、很美，仍無心將鏡頭對準它們。我想，等你回來後，我們在山中的墳墓四周種滿雁來紅吧！

清水宏

第三年秋天。

我從戰爭歸來回到京都，京都每天都有幾組當地子弟的部隊返鄉。如果山中還活著，這一、兩天我們應該會碰面。想著想著，就去了鳴瀨喝酒。點了山中喜歡的沙鍋炒蝦、雞腳、小壺日本酒酌以薄酒杯，酒伴是大久保忠素和井上金太郎。說起來，把山中介紹給我的也是這兩人。山中一直都很不可思議地和軍隊有緣。

昭和八年秋天。我拍完《心血來潮》不久，接到後備役的勤務演習令，前往津市的步兵第三十三團入營十五天，回程順路到京都。

抵達京都那晚，夜空一輪中秋明月，我和這兩人在鴨川河灘附近、新三浦的房間內喝酒。月上東山。閒聊之際，井上金太郎問我，願不願意見見山中貞雄？那時，山中正忙著寫劇本，大概是《鼠小僧次郎吉》。我說只要山中方便就好。

當時山中已在日活電影公司，是拍了《盤獄的一生》、眾口交讚的英才。

次日黃昏，山中來到下加茂。他穿著藍底白點花紋的夾衫和服，腰上纏著兵兒帶，腳踩薄木屐，可能有點感冒，脖子圍著毛巾，沒刮鬍子。

秋山耕作向我介紹，「這位是山中。」他那邋遢模樣和大家稱讚的英才以及來自電影的印象相差太大，令我大吃一驚。

那天晚上，我們從蛸藥師堂到祇園，喝酒、聊天，直到天際泛白。山中寡言，多半喝酒，淪為聽眾。我們在八坂神社前道別，山中踩著木屐，飄飄地走在黎明街道上。他在忙碌中抱著感冒和我們悠悠暢談一夜，非常隨和。

我從他的背影，看到令我欣賞的堅強韌性。

至今已七年了，鳴瀨的回憶猶深。還有這事，昭和九年的晚春。家父過世，我和母親送骨灰到高野山，歸途時順道去看宇治、黃檗山。那天傍晚，我把母親一人留在柊家旅館，到鳴瀨和大家相聚。

山中當然也在，聊得起勁，不覺天光大亮。

山中枕著坐墊、迷迷糊糊躺了兩個小時左右，突然翻身而起，打開拉門。外面是五月的淺藍色天空。

「沒辦法，天氣太好了！」他把劇本插在腰間，臉也沒洗，就匆匆趕去拍《步兵出世譚》外景。

兩天前的黃昏，把父親骨灰放進寂靜的高野山後院納骨堂時的無常感慨，一掃而空。

當時遺留在此地的無常感慨，此刻又重新拾起。三村伸太郎突然出現，我一直沒有機會見到山中的親朋好友，這次是初次見面。

翌日，我去祭拜山中骨灰，安置在吉田本町他哥哥家。這是去年一月十二日在江蘇省句容鎮一別後、陰陽兩隔的再見面。回到東京不久，我得幫山中墓碑題上法名。如果按年齡順序，應該是山中幫我寫……磨墨伸紙、落筆寫下：

至道院殉山貞雄居士

今年庭院裡的雁來紅也美麗盛開

——《電影旬報》，一九三九年九月十一日號

第四輯

來自戰地的信件

●

今天用五十加侖容量的汽油桶裝溝渠水泡澡，

洗去積久的戰爭塵垢……

感覺與箱根的溫泉差不多。

本輯收錄數封書信，由小津安二郎家族提供，為小津安二郎在中國各地轉戰時寫給在日家人與友人的信件。

且向戰爭行。

小津安二郎

唐澤正三郎　筱田三之亟

梶田三郎　大幡米藏

奧村良知　秋山勝平

島村芳雄　早川百次郎

石井英太郎　山口秋藏

永井文一　堀江次郎吉

劒持竹治

出發前夕，昭和十二年九月秋分之際

昨天是八月十五，眺望黃浦江上的月亮，心情愉悦。當年阿部仲麻呂的翹首望東天，神馳奈良邊，三笠山頂上，思又皎月圓，詠的正是此情此景。我試著想像阿部仲麻呂的心境。這一陣子連日晴朗，此處波斯菊也盛開，伯勞鳥啼，如果還能吃到秋刀魚，那就無可挑剔了。身體越益健康，還請放心。問候諸友。務必代為問候大嫂。

上海派遣松井本部隊　森田部隊

昭和十二年中秋翌日　上海

來函拜讀，奧山亦同時來信。在此一望無際的蕭條中，一路進逼南京。大約後天，部隊即可進至南京前三十里處，我們將參與南京總攻擊。精神甚好，雖有敵軍數萬，仍想一會蛾眉青黛佳人。

聖誕節以前，南京應已解決。

明年可能在南京過年吧！三十六歲了，略感寂寞。畢竟是在中國當地，未覺池塘春草夢的感慨特別深。我想吃青菜燉油豆腐，連自己都佩服自己忽然莫名地想吃這道菜。問候大嫂。

再聊。

昭和十二年十二月二日　發信地不明

收到許多美味的煎餅，謝謝。

今天是三月二十四日，春彼岸（註：春分、秋分前後三天進行掃墓祭祖。）也在今日結束。

去年秋彼岸的第四天中午從大阪啟航，即將屆滿半年。上海—南翔—嘉定—太倉—常熟—無錫—常州—金壇—丹陽—鎮江，在此渡揚子江到揚州—儀徵—六合—滁縣—定遠等地，我們一路經過中國南方主要城市，一百五十餘里，目前在定遠。

精神越來越好，二月三日入城。這約五十天的時間，戰友已損失大半。

同袍阿坊頭部中彈，腦漿血液四濺，當場死亡。藥劑師的手臂被射穿，骨折。戰死者火葬，傷者一個個後送，人數越來越少。聽說附近尚有李宗仁親自指揮的部隊頻頻出沒，占據西南二十里附近的盧州，我們大意不得。尤其兩、三天前，彼等轉為攻勢，趁夜包圍定遠城，發射迫擊砲。但我毫不驚慌，已大致習慣槍砲子彈，照樣入睡。

我一直沒中彈，要是中了鐵定受不了。此刻，定遠城外晴空萬里，柳樹抽芽，河水湯湯，油菜花盛開。一望無際的平原，遠處浮著白雲。天氣很好，是用春風駘蕩、春日和煦、春日遲遲等漢文形容詞都很貼切的優閒。尤其是楊柳的綠，油菜花的黃，都是接近原色的鮮明，那種非常優閒的構圖像是《*The New King's Crown Readers*》（註：日本戰前英語課教科書。）第二冊的插圖。

沒有征伐的日子就睡午覺。傍晚浸在甕裡泡澡後，點燈，下棋。班長棋藝最差。

軍中生活已熟悉，身心皆好，早晚順利，請放心。

我想吃天婦羅蓋飯，想吃安部川餅，意想不到的食物紛紛湧現腦海，刺激食慾。

想喝水，常渴望就著小茶壺口一仰而盡，我越來越像野人。

調動的消息頻傳，有人說只是部分調動。不管是不是一部分，就是傳言也讓人高興。聽說松井大將凱旋而歸。多管閒事地替他操心，是否此刻剛洗完澡，坐在榻榻米上，一壺清酒，吃鰹魚生魚片呢？

暫時留在這裡守備。

務請各位善自珍攝。

匆此致謝。

昭和十三年三月二十四日　定遠

五月三日，人在蚌埠。四月十四日的來函收悉。

蚌埠，火車站寫著Pengpu。但軍中有各種讀法。幫浦、漢普、彭普、砰普都通。

四月十五日離開定遠北上。這次的戰略好像是由華南北討及華北南進的部隊，兩方聯合攻佔京滬鐵路津浦段。一路上，洋槐花開，薰風吹過麥穗，淺藍色的蒼穹，新的內褲觸感舒服，戰爭也有頗愉快的時候。北上，北上。第一集結地是蚌埠，軍隊人潮要滿出來似的。部隊通過，馬隊通過，砲車通過，戰車通過。沙塵萬丈，老百姓在路邊賣蒸饅頭，麵攤車繞過來。又肥又大的菠菜，一把十錢，雞蛋十錢四個。一路停在馬的腹部跟到這裡的蒼蠅，暫時飛離馬的身上，四處游弋。

饅頭、蒸籠、麵條和馬糞，都在蒼蠅漩渦中。

前面的部隊一動，後面的立即跟上。官兵將領集結蚌埠，從醫學上來說，是慢性胃擴張的食慾加上急性腸炎的排泄。若是物理學，這景象類似以推擠方式射出紙彈的竹管紙槍原理。總之蚌埠經常「滿腹」人潮。淮河流經後方，這裡的鐵橋遭到破壞，工兵正在架橋，一天過得好慢。

來到此處，已過一宿。今天是五月三日。我們是要在這裡繼續待命，還是立刻開拔？心境就像揣著袖珍懷爐茫然等待客人的人力車夫。也像上燈時分還沒接到客人的妓女。這裡沒有定遠那種四面楚歌的迫擊砲彈和榴散彈橫飛的顧慮，仍能點亮檯燈，泡茶寫信。城裡也有慰安所設施。

那裡生意非常興隆，但多是不以狂嘯狼奔之慾情借助相當酒力，就不敢輕易接近之「半島的舞姬」（魑魅魍魎）。

心得摘錄

一、因一時未察而感染花柳病者通報市鎮村長。

二、為準備次期作戰而保持戰力，應確實穿戴防毒面具，以能衝過任何施毒地帶。

三、聽到火災召集號聲時，在戰鬥中也應速回所屬部隊。

以上略記

大老遠在大阪買的防毒面具，正可發揮效用。

如此打諢胡扯，大嫂要是看見，恐將困擾。已過十一點，就此擱筆。星空綺麗，在窗外的洋槐樹根下小解，就要睡了。

身心皆好，敬請保重。

昭和十三年五月三日　蚌埠

收到吉田前往滿州時的來信。郵戳是三月二日、大阪南。奧山的信上得知他平安歸去，後來才收到吉田的信。

今天已是六月六日，下雨。人在蚌埠。

為參與徐州一役，來至宿縣。徐州與宿縣在五月十九日同一天攻陷。日本軍隊經常盡可能展開行動，有些暴虎馮河。所以我們得忍耐困苦匱乏，但困苦匱乏還不是極限。拔下一城、攻陷一寨時才是其極限巔峰。

行軍急迫，我們直接用太陽旗包住戰死者臉部，棄置麥田，部隊繼續向前挺進。

這樣酷熱，不出兩天就會長蛆。掀開太陽旗時，整個眼窩都是蛆。戰死山野，成雜草覆蓋之屍，終究不是文字修辭所能想像的悽慘。眼珠子開始發癢，看著鏡子，明明沒有蛆，但眼睛就是癢。

麥田一望無際，烈日當空。汗水、灰塵，到處用水都不便。去年底攻打滁縣時，用有水蚤的綠藻水煮飯，很臭，難吃。受不了。但現在，水裡一有水蚤，都會欣然喝下。我們把蝌蚪撥開，趴在溝旁喝水。

聽說敵軍撤退時會下毒，蒙城就有四十四人被悶死在城裡的井水中。有水蚤就證明沒有毒，多麼淒涼的證明。

然後匆匆吞下正露丸。至於冰淇淋和雪泥，都不敢想像是今世之物了。

二十五日再回蚌埠，洗澡，向酒保拿了麥酒，有電，有收音機。雜訊干擾中還聽得到長歌〈菖浦浴衣〉，也算是極樂。

暫時留在蚌埠？還是第二波進攻？據說七月部隊換防，也有說要轉到安慶、漢口前線。不論是哪一個，都難以預測。

精神大好。有蒼蠅、蚊子、跳蚤、還有蠍子。暫時要和這些小動物們惡戰苦鬥，但無須擔心。

昭和十三年六月六日　蚌埠

八月十三日在南京。

翻開日曆一看，八月八日是立秋。紅蜻蜓不停飛舞，感覺天空很高，想必暑熱高峰已過。

白晝炎熱。雖然還熱，但跟過去比，倒是非常輕鬆。

二十三日將赴前線。

精神很好，小遊漢口等地。

暑熱中，在南京停留約兩個月，坐了秦淮河的畫舫，也看了玄武湖的蓮花。

厚顏向家人請託，不要十天，即有航空信從東京送錢過來。四處享用中國菜，非常愉快。距離出動不到十天，暫時享受可能不會再有的午睡。

我命若絕隨他絕

夏草萌生雲湧天

雖然想說這份決心甚是悲壯，但又為自己的賊運亨通而自信滿滿。最近又疏於問候，但請勿擔心。

戊寅八月十三日（昭和十三年）　南京

收到七月二十六日的信。

今天是八月十四日。立秋已過，早晚吹著涼風。白天炎熱，雖然還熱，但與前些日子相較，已是輕鬆。

在南京暑熱中，度過兩個月。

坐過秦淮河的畫舫，也看了玄武湖的蓮花。

船送漣漪搖荷香

四處吃中國菜。厚顏向家人請託，不出十日，東京那裡即用航空信寄錢過來。以身赴戰場的軍人而言，極奢侈，很愉快。

二十三日開拔往前線。精神大好，剩餘不到十天，諸事繁忙，有空便盡情享受以後恐難再有的午睡。

我命若絕隨他絕

夏草萌生雲湧天

雖想表明甚為悲壯的決心，但大抵已習慣戰爭，無法不對自己的賊運亨通充滿自信。小遊漢口等地，請勿擔心。

同樣內容另函寄給奧山。請轉知橋本、吉田。

昭和十三年八月十四日　南京

京漢鐵路上的信陽，十月十八日，精神極佳。十二日上午十一點三十分攻陷信陽，我在翌日進城。

從南京坐船，溯江而上至安慶，再向桐城、舒城、大安、固始、光州、羅山、信陽，我確實來到遙遠的地方。

桐城的城外有清澈河流，河灘上鮮紅石蒜。用河水沖身體、清洗內褲。

為拉野屎，我避開石蒜花紅，平靜的秋日黃昏。大安的霍亂極為猖獗，確定染病患者三百多人，並排臥躺，個個骨瘦如柴，沒活多久就死去。

在固始，我們睡在初中的教室。天花板上貼著英文報紙，中間有一幅印刷精美的奶油蛋糕圖片。睡時，圖片就在臉上，每天都會想著那個吃不到的蛋糕。連日霪雨，已滯留十天。

光州是古城，我們黃昏時進城。無人的街道暗處，響著噹——噹——的鐘聲。

抵達羅山時，攻防戰正打起來，布署在第一線，大砲、空襲交加。南無觀世音菩薩、南無釋迦摩尼佛、南無八幡大菩薩、八百萬諸神雲端遙遙照鑑，求祢慈悲保佑。活下來了。此刻在信陽，就著燭火，喝著咖啡，寫這封信。

漢口在翻過山嶺後四十多里處，再加把勁。

今天用五十加侖的汽油桶裝溝渠水泡澡，洗去積久的戰爭塵垢。凡事窮則通，泡完澡後，身心舒爽，感覺與箱根的溫泉差不多，也換上新內褲。中國人啊！如果要用砲彈擊中我，就趁現在。一杯熱騰騰的咖啡，此刻心情天真如無冕帝王。下一封信將在漢江書寫。

昭和十三年十月十八日　信陽

十一月十五日，還穿著夏季軍服。

目前正在漢口西北三十多里的孝感和應城中間的小村長江埠。

湖北省，在此處警備。

水波盪漾的湖和水田圍繞，到處都是秋風搖蘆荻，劃過水面，波光粼粼，日夜準備迎接冬天。

兩年未食秋刀秋日又盡

已經是夏季軍服經不起的寒冷。

今天小津中士——六月一日升任——也無任何顯赫戰功，只是垂涕過日，完全不介意旁人的眼光和流言。

我們集結南京，準備攻擊漢口。先溯江而上至安慶，然後走陸路，經過桐城、舒城、六安、固始、光州、羅山、信陽，十月十三日進入信陽城。以前的事情已在信陽寫信告之，在信陽滯留十二、三天。

從信陽往漢口，越過大別山脈，行至距離平靖關應山四十餘里處。路窄山險，只容步兵和馬匹通過。重砲、戰車和運輸部隊暫先返回光州，轉往商城、沙窩，在此處翻越大別山脈，由福里河—麻城—宋埠—黃陂，北上至河口鎮，再西進夏居—花園—安陸—南向雲夢—來到長江埠。

漢口雖然攻陷，但所有部隊都未進入漢口，由參與攻堅的師團中選派團長指揮的一個營警備漢口。

長達一百六十餘里的卡車途中，浴著秋天的陽光和灰塵，車在峽道中蜿蜒行進，霜葉紅於二月花，藍天萬里無雲。

天黑時停車，在農家倉庫裡蓋著稻草而睡。不久，月上山崗。

秋夜漫長。我肚子很餓，升起火堆烤白天挖的地瓜來吃。槍聲響起，戰敗的殘餘敵軍沿著山脊逃命，從山頂瞄準峽谷的火堆開槍。稻草溫暖，槍聲遙遠，照睡不誤，不久天亮。我們終日行軍，直到太陽下山。

一百六十餘里，走了十一天，其中四天滯留安陸。

這裡的百姓一如往常留下，治安也有維持，早晚開市。蔬菜、豬肉、鯉魚、糖果、花生、豆腐，石板路上雜亂成市。擤完鼻涕的手，抓著糖果遞過來，雖然骯髒，我還是買來吃。

京漢鐵路在四、五天內即可通到花園，如此，一日內即可到達漢口。

已經一年兩個多月，時光荏苒。軍隊生活已然習慣，沒有痛苦之事，也無愉快之事。三十六歲即將到來，早晚天冷，腰痛。秋風中挺胸而立，我還年輕得很。精神極佳。

昭和十三年十一月十五日　漢口西北部

後備下士

垂淚

恭賀新喜

己卯元旦

於湖北省應城

小津安二郎

昭和十四年元旦　應城

寄自戰地

駿河屋的羊羹晚了一天，與昨天的信同時收到。

當此迫切想吃羊羹、即使成田羊羹也令人垂涎不已，真是奢侈至極，立刻以溝渠水泡茶享用。

食慾是人類最強烈的慾望之一，如同「在家啃老」一詞，顯示出與食慾結合之人生執著，甚為有趣。

林長二郎離職一事甚好，這是個好機會，下加茂恐將放棄明星制度。但願能以作品本身為主，培養出好的導演。

長二郎極其妨礙日本電影的發展。自詡跳槽是為了專心致力於藝術良心，荒唐可笑，其實只是託詞，不如直接說想要錢，我也知道松竹是不給錢的。

看了《天使》的劇本，非常有趣，劍擊對方手腕的方式看得太多，感覺有點老套。這是運劍技巧的問題，期待下一期內容。這種運劍技巧流行，想必很困擾。幸好山中已經出戰，這點倒可放心。

卡普拉（Frank Russell Capra）拍了有趣的東西。全劇凝聚在一個場景中的本事，如《富貴浮雲》（*Mr. Dees Goes to Town*）的法庭戲、《*American Madness*》的銀行戲，讓人信服，感覺劇本應該很難，但在卡普拉手中，卻是意外簡單。

昨天收到筈見來信，說吐夢的《無限的前進》是本年度最佳作品，甚為歡喜。

但我擔心整體的諷刺是否不夠。電影中野野宮保吉的個性過強，恐容易淪為保吉的個人傳記。希望這不只是野野宮保吉個人的故事，也可能是A或B或C的故事。想談談公司全體員工的葡萄架，但小杉的個性有點古怪，令人有點擔心。說得我更想看了。

吐夢還沒跟我提過，因為我在打仗。日本舉國都在非常時期，電影也只是新聞的附屬品。但是日本的軍人……算了別提了。我這陣子都沒洗澡，渾身臭得令人心煩，只想快快洗去這身如野狗的臭味。

上海前線即將進入巔峰，我們近日內也將出動參與首波戰事。我還有些疑慮，但部隊已整裝待陣完畢，大概明晚或後天就會出發。

本就不敢期待生還，如果能夠，當會生還。我出發了，Bye-bye good luck。

當兵後，字寫得比較好了吧？

——《新映畫》，一九三八年二月號

隨函附寄

久未問候。此刻在京漢鐵路信陽，得知山中身亡，心情甚為沉重。暫先完成臨別時鳴瀨酒席上的承諾，寄上原稿。一有機會就會想起（在鳴瀨吃的）鐵板燒肉。軍人只要空下時間就肚子餓，就會想到食物。每回都想起和你的約定。軍中信件限重二十公克，謹慎起見，分成兩封。原稿有九張，分別是四張和五張。信陽還不能寄信，雖託後勤順便帶出寄送，但不知何時能抵東京。翻越大別山脈至漢口，還有四十多里，這次將連山中的份也帶上。提燈遊行時請兩手都提燈籠。代向諸位問好，並請保重。

小津安二郎

——《電影旬報》，一九三九年一月一日號

信

目前在河南省信陽，十月二十日，精神大好。此城是在十月十二日上午十一點三十分攻陷，日蓮宗祖師忌日法會之日。

從南京——在南京見到佐野周二——溯江而上，直到安慶，輾轉桐城、舒城、六安、葉家集、固始、光州、羅山到信陽，來到很遠的地方。

桐城外有清冽河流，河灘上石蒜鮮紅。用河水沖洗身體，洗了內褲。避開石蒜花紅，拉野屎。平靜的秋日黃昏。

六安霍亂猖獗，病患三〇六人並排而臥，骨瘦如柴。如折斷的枯竹，迅即死去。

在固始，我們睡在固始縣立初中的教室裡。窗外有芭蕉，綠葉招展，連教室內都青綠一片。天花板貼著英文報紙，當中有張印刷精美的蛋糕圖片，睡覺時圖片就在臉上，但完全吃不到，每天都想著同一件事。霪雨霏霏，滯留十天。

光州是古都。黃昏時進城，空無人跡的街道上，響起噹噹鐘聲。

抵達羅山時，戰鬥剛剛開始。大砲橫飛，轟然地搖，四周炸裂，連根拔起的秋草和沙土落滿鋼盔之上。空襲又來。深綠色機翼上的青天白日徽章閃亮耀眼，投彈後俯衝而下，機關槍掃過頭上。迫擊砲碎片和槍彈逆風而來，幸好都沒打中，我還活著。

在信陽，城牆上太陽旗隨風飛揚，這陣子秋高氣爽。

來到這裡第五天，風聞山中貞雄陣亡，實在難以相信。記憶中的山中永遠是那麼精神抖擻，昨天意外看到報紙，沮喪地說不出話來。

與山中東京一別後，一月十二日曾在句容見面。得知××部隊駐紮在距離南京九里路的句容步兵學校軍營時，我正在護送戰友骨灰到上海兵站部、返回滁縣的途中，一早就趕去軍營拜訪山中。滿地霜白，晨點剛剛結束，山中走去廁所。想到在這種地方見到山中，有種不可思議之感。不久，山中回來，手也沒洗就搶著握手。他瘦了一點，留著落腮鬍，但很健康。

我得在天黑前渡過揚子江返回滁縣，實在沒時間慢慢聊，話題跳來跳去。聊戰爭，彼此平安無事。聊東京，朋友寄來的信。聊吃不飽，當兵以後特別喜歡吃甜食。山中問我回去後會不會拍戰爭片？我說不知道，你呢？他也笑答我不知道，但倒是已經累積了很多笑話哏。

山中拿出菸斗，我說：「我也收到了。」拿給他看。填進牙買加菸絲，打量彼此的毛線手套。這是內田吐夢年底時寄來的心意。

山中還投稿報紙：〈賊運亨通的兩個傢伙、山中貞雄〉。山中笑著把報紙遞給我。

進攻南京時，抽菸是件難事，因為急於追擊，補給不及，只好拔下堤防的枯草充數，其中，蓬草味道最佳。

我很激動，山中過得比我辛苦很多。我再次看著山中的落腮鬍，三十多分鐘的短暫會面。離開時，山中送我到軍營門口，希望下次再見面時在東京，我們再次握手後告別。

回到滁縣不久，聽說山中的部隊從南京坐船北上。不久，我的部隊也北上。

距離那日重逢，已經九個月。

昨天傍晚去野戰醫院，協助三天前入院的戰友盲腸炎手術。學校充當醫院，教室成了病房，布幔隔開的手術室裡戰友四肢被綁住，肚皮被剖開。疼痛一發作，腸子就從切口衝出來。乙炔燈在手術中不時熄滅，每一次軍醫都用染上滿血的紗布蓋住外露的腸子等待燈亮，我則在黑暗中按住戰友的雙手，頻頻唸誦觀世音菩薩。

這是山中曾經待過的野戰醫院。我強烈感受到武運不濟、靜靜長眠而去的山中，也曾在這沒有白色天花板、白色病床、一花一草的病房裡，與在門板上鋪稻草充當病床上的戰友並排臥躺。他是個好人，難得可貴的朋友。我擦拭眼角。

今天也是秋高氣爽的好天氣。用五十加侖的空汽油桶裝溝渠的水泡澡。浮萍澡，很別出心裁。泡完澡後，肩膀胸口黏著無數浮萍。洗掉積久的戰爭塵垢，也換上新內褲。凡事窮則通，泡完澡後的清爽心情，和伊豆泉湯沒有什麼不同。點著蠟燭寫這封信，從背囊中拿出即溶咖啡來喝，好喝得很。中國人啊，如果砲彈要打中我，那就現在吧！一杯熱咖啡，讓此刻的我心情天真有如無冕帝王。

後天要向漢口前進。越過山後再走四十多里就到漢口。就快到了，到了漢口已見不到山中，但是可以從戰友口中得知他臨終的細節。

為此我努力堅持，幸好精神飽滿，也試著吸了枯萎的蓬草。希望你保重身體，我也一樣。下封信會在漢口寫。

——《電影旬報》，一九三九年一月一日號

續信

平安無事。在江西省奉新。四月五日。油菜花盛開。宿舍門口的紅色門聯寫著：春雨潤耕牛　和風吹騾馬。前面有一隻水牛在吃草，春日遲遲。

今天用溝渠水洗了內褲，曬在開花的桐樹枝頭，天空一片灰濛濛。暫且揮去未覺池塘春草夢的感慨，坐在土堤的草皮上，光著屁股寫信。

久未寫信，從哪裡寫起是好？

上封信說，這封信會在漢口寫，雖然已攻陷漢口，不過任何部隊都不得進城。我也輾轉繞到漢口西北方的長江埠、孝感、慶城等地加強警備。

長江埠是靠近湖邊的小村落。秋風颯颯吹過湖水，起了漣漪，日日夜夜撼搖枯葦，帶來冬意。兩年未食秋刀，秋日已盡。冬季軍服發下來，但是太小，穿不下；九州山義雄力士肯定也在某處感到無可奈何吧！我繼續穿著夏季軍服，衣領的汙垢漆黑發亮，早晚都覺得脖子颼颼冰冷，下霜了。

孝感有英國人經營的痲瘋病院。據說只有人類會感染痲瘋病，不過，金魚確實有癩病，「魚蘭魚壽」的品種就是。這裡的風景比其他野戰醫院都來得悲慘。

年關將近，到漢口採買年貨。從充當兵站宿舍的遠東飯店五樓觀看太陽旗飄揚的漢口街市。見到佐野周二，接受朝日新聞台採訪。喝麥酒、吃青菜沙拉、還喝了咖啡，心情相當滿足，砍了一節路邊的松枝，回到應城。

除夕夜，加大的冬季軍服終於改好。

穿著冬季軍服在慶城迎接元旦，這是來此之後的第二個新年。這裡的警備是由山中的古閑部隊擔任。如果山中還活著，我們可以在此一起過年，一想到此，就覺得無奈。一月底，部隊突然集結漢口，謠傳紛紛。有說返回內地，有說換防，有說警備漢口，那樣就能睡在電燈下了。但都不是，原來是為了南昌戰事。翌日，直接渡河到武昌。在初春的暖陽下，江漢關的大鐘在頭上悠悠響起。

戰壕裡已冒起縷縷熱氣。一隻翩翩飛舞的蝴蝶，《西線無戰事》裡伸手捉蝴蝶的保羅死得漂亮。我沒有伸手，萬一中彈怎麼辦？在武昌登高黃鶴樓。

翌日，傾盆大雨。從武昌到太冶，再到陽新，一路泥濘。立春之日行事徒勞，早起僅前進約五里，天色即暗，紮營山中。不久，十五的月亮爬上山頭。去拉野屎，聽到野鳥聲鶇鶇。瑞昌。九江。

九江擠滿軍人、馬匹、車輛、重砲和戰車，連日下雨。趁著一日雨霽，向東繞過廬山山麓，向德安、烏石門前進。路旁有嶄新的墳頭，數量很多。到處都是激戰痕跡。

大雨連下四十天。戰線化成一片泥海，士兵背上沾滿泥漿，貨車在泥水盪漾中游泳。

從烏石門到越山，再到堰頭湖畔，部隊保持隨時出動的待機態勢。

前線隔著修水河與敵軍對峙已四個月。河寬三、四百米，平靜的黃昏時，可以聽到對岸敵軍點名。敵我雙方都到河邊汲水煮飯，這個時候互不射擊，除此以外，只要一發子彈，立刻引來三倍的還擊。

兵尚拙速，未睹巧之久也，這是孫子早就說破的用兵妙諦，也是神速果敢的日軍表徵，幸好不是製片人的信條。不過，這次用的是孫子的未睹巧之久戰法。

在對岸滴水不漏的堅強堡壘前，我們開始渡河攻擊。第一線準備渡河，逼近河岸。我在黑暗中彎身挖掘戰壕，土饅頭堆的後方就是墳場。圓鍬不時碰到棺材邊緣，發出摳、摳、摳的聲音。每次聲音響起，對岸碉堡立刻盲目掃射機槍。槍聲在河面擴散，迴響在天雨欲來的夜空中。

準備完畢，排設砲陣，集聚彈藥糧草。

三月二十日十六點三十分，南昌修水河渡河戰揭開序幕，砲聲隆隆。迫擊砲拽著尾音在頭上交錯炸開，盛開的杏花飛散四方。

十九點三十分，開始渡河。草叢中放下鐵製小船，士兵迅速登船離岸，消失在濃密夜色中。少頃，對岸的碉堡噴出更激烈的火花。我排在第三渡河口的第三號。船底觸及河底時立刻跳下船，水深及膝。子彈掠過身邊，衝到河灘趴下。碉堡裡面還有敵軍，沒有時間拿下圓鍬，只好用手挖沙，堆起槍托。周圍已經全暗，視線穿透黑暗，前面有鐵絲網，對面就是碉堡，黑暗中定睛凝視。不知何時下起雨來，如果就此等到天色泛白，必會遭到追究。雙腿痙攣，手指泡脹，指甲疲軟，指尖疼痛。

先向前追擊就是了。

修水河的敵前渡河戰結束，開始夜以繼日的追擊。五谷嶺、饅頭山、蔡氏、安義、奉新、古樓岡、照山、熊足。一部分部隊從這裡度過贛江，截斷浙贛鐵路，威脅南昌後方，左翼部隊攻陷南昌，完成任務。

我的部隊本來是有戰車的運輸部隊，但這次的戰鬥部隊分為戰車和徒步。我以前就不擅長走路，這次沒辦法不走。走了再走，腳底都是水泡，腳踝腫脹，忍耐困苦匱乏，實在難受。但是日軍絕不在困苦匱乏中達到極限，攻下一城、拿下一個堡壘是其極限顛峰，而且經得以證實。

晴雨交織的十天，毫無休息的疾行追擊。到處是盛開的油菜花。在油菜花田中天亮，在油菜花田中天黑。非常疲勞，頭腦昏鈍，稍一停步，就站著打瞌睡，身體失去重心，撞到前面人的背包。腦袋沉重，還活著的眼睛裡，只有刺眼的油菜花黃。

已經沒有對子彈的恐懼，只想伸直兩腿睡覺。

經過安義不久，正規軍和百姓橫倒路上。旁邊一個出生不久的嬰兒，天真玩著乾糧袋。狠狠大哭一場後若無其事的表情，任誰看了都覺得悽慘。但是追擊太急迫，誰也無法去照顧嬰兒，只想趁著嬰兒不哭的時候通過，加快腳步，四列行軍自動分成左右兩排繞過嬰兒。打著綁腿的大軍靴，經不起踩的嬰兒就在行軍中天真嬉戲。

這是以油菜花為背景，最天然的電影構圖，但也是太電影式的「點景手法」。我不喜歡鏡頭對著這種風景的創意，我也加快沉重腳步。

春日遲遲。手槍、粗麻布袋、水壺、鐵鍬、帳篷、外套、背包，前後左右分別掛在脖子上，腰間還繫著一把源清麻呂的日本刀。每走一步，汗珠從鋼盔下滴落。

我很想喝水，想大口大口的喝自來水。趴在田埂，喝田裡的水。水中映著春日天空，水底有蝌蚪游泳，立刻出汗，沒走幾步，已渾身溼。

如果中彈、戰死，就這一身灰塵汗水汙垢，沒有熱水淨身就直接火葬，裝在原木棺箱裡送回東京後，希望能放在水龍頭下暢快地沖一沖。我凝視腳尖，默默走著。雖然這麼想，但心底確實有絕對不會中彈的自信。問我為什麼，我也不知如何回答。

幸好我很健康，生平從來沒有這樣堅持過。只為堅持而堅持，也堅持得很有一回事。這是難得的體驗，在我今後的人生戰場上，宛如鼬鼠最後的屁一樣，這份堅持是最重要的武器。

灰濛濛的天空凝滯不動。

暮色逼近油菜花田和油桐樹梢，宿舍的白牆上寫著戰敗倖存之歌。

中國的復興，全賴最後五分鐘努力，爾等應該忍受過程中的一切痛苦，不久的將來，悲壯的青天白日滿地紅的國旗，就會飄揚在爾等頭頂。

戰爭必須得勝。

下封信將在何處書寫？今天早起就非常想吃紅豆麵包。

——《電影旬報》，一九三九年七月一日號

第五輯

活在對電影的愛情中

●

我只打算用標準畫面拍攝寬銀幕拍不出的東西……

我認為，電影是以餘味定輸贏。

我是電影界的嘮叨之人，小言幸兵衛

即使傻瓜當導演，觀眾一樣會進場

每次看到螞蟻時都很佩服牠們那麼拚命工作，搞不好其實有螞蟻躲在石頭後面睡午覺，可是也不曾看到過。相對來說，人實在幸運，能夠隨心所欲而活。不管下輩子怎麼轉世投胎，我就是不想變成螞蟻。

我一年只拍一部電影，並不是因為懶惰。不過，今年因為電影界全面奮起振作的緣故，我繼《彼岸花》之後，又拍了一部電影。《彼岸花》很賣座，能夠集結那麼多明星，賣座是當然，公司方面本來就有票房的現實考量。所以即使傻瓜當導演，觀眾一樣會進場。雖是自賣自誇，但如果真的由傻瓜當導演，恐怕號召不了那麼多明星吧！戲分不重卻願意情義相挺，才有如此壯觀的明星陣容，如果這些卡司還吸引不了觀眾，公司應該不會吃驚，而是立刻和我解約。

電影拍得好，加上賣座佳，真是沒有比這更快活的事了，但我年輕時總認為賣座和藝術性是相反的。即使不賺錢也只拍自己想拍的東西，一頭熱去做。所以，影評人讚譽有加時，就惹得公司方面不高興。還好他們也認為小津的電影不太花錢，即使觀眾不來也罷，隨他去搞。如果公司用盡心力企劃卻賣座慘澹，恐怕不會善罷甘休。

年輕時果然是心有餘而力不足。賣弄通俗性、藝術性，現在回頭再看，根本沒有表現出自己所想的。心情上雖想致力於藝術，卻不能好好發揮，就像一片門板、一扇窗櫺都刨不好的差勁工匠，根本不可能雕刻出佛像。

或許，輕鬆拍些賺錢的電影就好，不要太強調藝術。說賺錢或許有語病，但讓更多人享受我的作品，和讓公司賺錢，兩者應該一致。

導演年輕時充滿熱情，但是能力往往沒有相隨，當熱情和能力取得平衡後，才能真正展現本事。有創意、少了本事很麻煩，有本事但欠缺創意也令人頭痛。

經歷各種事物後即可領會這種平衡，這時，再抱持符合自己身分能力的期待即可。

能和孩子一起看的電影

一般而言，拍攝一部電影需要數千萬圓，導演能夠盡情運用這筆大錢創作。公司也很大膽，把這樣大的工作交給三十來歲的年輕人；現在的中堅導演多半三十多歲。在當今社會，姑且不論自己經營公司的人，一般三十多歲的男人大概很少有數千萬圓的工作吧！一些企業家聽說電影是由三十四、五歲的導演統籌時，都很驚訝公司真敢放手讓年輕人嘗試，他們的看法不無道理。

因此，導演必須具備能堪大任的信用不可。當然，公司在提拔助理導演成為導演時也很慎重。他們要具備讓公司認可的本事，需要相當時日的歷練，導演的年齡漸漸提高，是再自然不過了。

和以前相較，電影的水準究竟有沒有提高？我認為內容其實沒有太大改變。只是包裝不一樣了，就像以前是用牛皮紙包東西，現在則用塑膠袋或聚乙烯產品來包裝。有時候甚至只是展現包裝而已。

以前即使拍得不好、但只要拍出感情或風趣，都很討喜，但現在是冷淡無味的內容當道。與其說這是本質的改變，不如說是包裝跟風的流行趨勢在變。我認為，如果想拍的內容不變，還是以符合內容的形式表現比較好。

前幾天上街看電影，看到某家公司的預告片。一個雖然沒有露出乳房、但穿著快要露出肚臍的短褲的女人和男人跳舞，跳著跳著，被拉到暗處，坐在床上。下一個鏡頭是在帷幔後面接吻，一邊接吻一邊跳舞……最近這種片子特別多。

我不是要批評同業，但如果我是家長，絕對不會讓自己的孩子看這種電影。想靠電影賺錢固然沒錯，但應當取之有道，我希望他們有道德感一些。雖然做小偷也是一個賺錢的方法，但從扒手開始，變成小偷，然後翻臉成強盜，最後變成持刀搶劫或強姦，一輩子就完了。我希望電影公司好好想一想，至少該拍一些能讓大人和孩子一起看也不會臉紅的電影。

我們常期許自己，別拍丟人現眼的電影，但公司方面一心想賺錢和我們的不當一回事兩兩相乘，感覺就像扒手變成了強盜。這大概是日本電影數量太多的影響。在這點上，我反對各家公司同時拍兩部戲。因為只拍一部片時的片廠已經滿檔運作，各種道具和從業人員也無閒置。若同時拍兩部戲，製作片數增加，只會分散目前已經相當忙碌的勞力，更無法拍出優秀的作品。

雖然同時拍兩部戲，但沒有增加人手，增設舞臺道具。說真的導演並不樂於同時拍兩部，而是迫不得已，沒有相應的準備，自屬當然；品質降低，更不用說了。

如果同時拍兩部戲不會賺錢，不久，就會考慮一次只拍一部了。無論如何，現在是日本電影的過渡期。

前一陣子，NHK的人問我：「電影也要一魚兩吃了，究竟是怎麼回事？」因為他的口氣有點侮辱電影，我生氣地回應：「你們那邊不就是一魚兩吃嗎？第一放送和第二放送……」他立刻回答：「不對，我們的第一是以娛樂為主，第二是以教養為主……」我於是說：「電影也一樣啊，憑什麼電影這樣做就不對，這沒道理啊！」他又回答：「啊，原來如此。」接下來是個人意見，就不便寫進來了。

我是要說，如果能賺錢，《文藝春秋》會出版特刊，如果不能賣錢，就不出版。大家都一樣，為什麼只有電影這樣做是墮落呢？

會出版特刊，是因為內容多到正刊容納不下。不過，如果同時拍兩部戲能夠增加新人出頭的機會，我當然贊成。

新人的新鮮感

我認為電影沒有文法，沒有「非得這樣做」的法則類型。只要拍出優秀電影，就是一種獨特的文法，因此，拍電影看起來像隨心所欲。

年輕的助理導演進入片廠時，一定懷有很大的抱負。但常年跟在導演身邊跑腿後，自己擁有的新鮮手法消失了，現有的常識法則觀摩久了，也漸漸自我妥協地認為這就是電影的文法，等到當上導演，拍攝方式也變得同樣普通。日本電影看不到新意，原因就在此。

我偶爾看到墨西哥、義大利的新人導演或業餘導演拍出來的作品，手法之新鮮總會令人驚艷。我雖沒看過石原慎太郎導演的創作，但想必有其趣味之處。

當時，助理導演群起反對石原導演，我有些納悶。他們是因為突然由外行人擔綱而不愉快，如果這道理成立，那麼，助理導演突然發表小說，作家協會也會生氣吧？我們寫小說，別人不會生氣，但是寫小說的人來拍電影，我們就生氣，這難道不是偏見？為什麼不採取先吞下那股怒氣、協助拍完電影、再徹底批判成品的態度呢？還沒開拍就鬧得沸沸揚揚，不是很糟糕嗎？

最近很多人立志成為導演，考試也非常困難，我甚至覺得，能通過這樣困難考試的人可能不適合當導演，知識那樣淵博的人在別的地方發揮長才或許更好。如果現在要我們考，我和木下惠介鐵定落榜。

要當個挑糞工人，只要有強壯的手臂、扛得住糞桶的肩膀和腰力、人也老實即可，挑糞工不知道聖德太子無所謂，聖德太子不會因此找挑糞工的麻煩，彼此沒有什麼關聯。同樣地，讓志在導演的人和要進報社、雜誌社的做同樣考題，可是搞錯對象。與其考這些，不如觀察他對事物的看法、想像力、還有用製圖器具繪製圖畫的能力，尤其要考如何掌握圓錐形傾斜六十五度時的繪製圖畫能力，因為這在寫分鏡表時需要用到。

現在的助導都是大學畢業，因為通過困難考試，頭腦優秀。他們處理事情得當，記憶力也好，就任導演，耐操好用。但我總是感到悲哀，沒有更能發揮他們專長的路嗎？

靠不住的人氣

《彼岸花》向大映公司借來山本富士子，據說大映社長永田看到劇本後說，山本富士子演的是配角沒看頭，要求改寫。但問我的話，我確信山本富士子那樣的美女來演搞笑的第三配角，既顯得可愛，也能夠拓展演技，絕對是明智的安排。

我見到她本人，問她演出意願，她表明「讓我演」，於是我們直接開拍。

山本富士子不愧是大映一手栽培的明星，充分具有成為A級演員的素質。我最佩服的是，她沒有任何壞習慣。有些美女往往有怎麼讓自己看起來更美麗、舉止眼神不顯露缺點的做作。但是她沒有，天真誠摯，沒有電影人的世故，而且很有領悟力，也投入，不怕吃苦。

事實上，有馬稻子、久我美子等當今第一線明星都很努力，認真演戲。如果不這樣，勢必無法保持地位。因為隔天要拍戲、必須背劇本，所以朋友一邀就去的人，成不了一流明星。她們通常要做完這場戲該怎麼演、臺詞充分消化完畢的準備後才來片廠。

明星容易不知不覺沉溺在人氣中。他們在人氣投票中高居上位，產生受到大家敬重的錯覺。其實人氣並不伴隨著敬重，反而像浮萍一樣無依無靠。因此，演員必須趁著有人氣時努力加強演技，不能完全依賴人氣。

我微微一笑博得眾人歡心，就得意地自我陶醉。但人氣畢竟是殘酷的，說變就變。這種下場雖然悽慘，也是自作自受。俗語說打鐵趁熱，在有人氣的時候好好磨練一番，即使人氣沒了，一樣是縱橫影壇的優秀演員。

我身為導演，當然希望用各種類型的演員，可惜經常往來的就是那幾個，人選相當有限。演員方面，我想恐怕也不少人想參與各種導演的作品吧！

這個演員專屬制源自日本六社協定，我希望各家公司能夠彼此通融。一個公司用力花錢栽培的新人被別家公司借去，感覺吃了大虧，寧可把人留在公司不用。

津川雅彥的情況就是這樣。詳細內情我不知道，但把有前途的新人放著不用，未免過分。出借演員給其他公司當然會有些不愉快，但將來自家公司有需要時也可借到別家的人。我希望他們能有此雅量，以解決目前的問題。自家公司的明星不能外借，六社協定阻礙了日本電影的進步。

六社協定原是一項和平協議，但就現狀來看，倒像是規定吵架時不能用槍、但可以動刀、刀長限定幾吋、嘍囉該有幾人的莫名法則。

不能參考的影評

法國作家Jules Renard說過：「讀他人作品的書評，感覺寫得很對，讀評論自己作品的書評，就怎麼都覺得不對勁。」就像看到畫他人的肖像畫，很逼真、很有趣，但是看到畫的是自己時，卻覺得一點也不像。我想，這是在說批評的準則。

影評也是。覺得某人評論別人作品時非常中肯，深表贊同，但當影評矛頭對著自己時，就覺得那傢伙亂講。所以，影評家的評論多半不能參考，朋友之間的批評才能切中實際面，最為難得，深得我心。

電影總有刻意的不合理或矛盾，情節不符合事實很正常。如果沒有刻意的不合理或矛盾，那就不是戲劇，而是紀錄片了。例如《彼岸花》中，佐田啟二沒和女友商量就突然去拜訪女友父親，這劇情在日本現實中根本不可能發生，但如果不那樣安排，就無法成就這部電影。

另一個例子是《冰壁》，電影中描述山本富士子和某個男人有過一夜情，但是看電影時，怎麼看都覺得她絕不會亂來。（也就是說，山本富士子是選角錯誤。）但是電影就是從這個不可能發生的事情開始，如果要追究這邏輯，整個故事就無法連貫了。

總之，不能質疑這些劇情不合理或矛盾的地方。我覺得是導演如何巧妙修飾的問題。影評家屢屢指責這些不合理或矛盾，甚至推翻電影沒演、故事前發生的事，這樣追究根本沒意義。其實我們都很清楚，即使因為這樣被罵「愚蠢無聊」，也無關痛癢，並不會把這些批評當成參考。

批評是敢大放厥詞，其實我也覺得電視劇很無聊，認為有很多地方可以怎麼改進，但是如果說出來，他們真的變好了，就會成為電影的威脅、砸了我的飯碗，所以我還是保持沉默吧！

還有，電視劇沒看完不知其無聊，這很令人生氣，浪費不少時間。很多電視劇在上映前拚命宣傳「本劇必看」啦，因為沒有廠商大力贊助，雖然無聊但有空的觀眾可以看看啦，還真是贊助廠商的明智判斷……觀眾一看以為是有趣的戲劇，結果開演之後不只無趣，還讓日本國民變得懶惰。

況且，他們明明知道人只有兩個眼睛，卻在同一時間播映同質性的節目，實在很蠢。雖然真的有「二十四個眼睛」（註：壺井榮的小說，木下惠介改編電影。），但一般人只有兩個眼睛，有那麼多電視節目，真是浪費。如果電影的產量少一些，廣播電臺只剩一個，報紙也只剩一家的話，世界會清靜很多。

——《文藝春秋》，一九五八年十一月號

我對舊事物……

我不認為來到一九五〇年，就會有什麼特別的新事物產生。唯有永遠通用的事物才能總是新的，街頭充斥著長裙和各式流行，只是一時的現象。現象是不變的……如果只談現象，會有新舊之分，那麼，我今年就想探討特別舊的事物。

當然，我最大的希望是，片廠機器設備能夠更新。嘲笑街頭奔馳的破日本車而羨慕外國新型汽車的心情，和我使用現在的攝影機時一樣。我希望能早日整備日本片廠，更新攝影器材和錄音設備。

我國的電影格局小，這是日本本身的狹隘視野所致。要讓電影工業更健全地成長，必須為編劇和導演打好經濟基礎。

我的職責中，重要的是掌握新題材，但更重要的是，能否以現行一般的材料做出更好的東西？努力做出具有高度的作品，是我今年的目標。

戰後已經五年，觀眾的眼光也變高了，製作優秀的作品，才能回應觀眾的成長。好作品必定吸引觀眾。因此，從今年開始，應該支持「好作品實施長期上映」制度，我想，這一定能夠提升作品品質。目前的電影上映檔期制度感覺是用蚯蚓釣鯽魚，企業家也該知道這方式已令觀眾生厭。

還有新人方面，導演也好，演員也好，現在日本的製片制度反而有妨礙新人發展之虞，所以今年公司也應該好好反省，讓製作人能有新的冒險。

——田中真澄，《小津安二郎戰後語錄集成》，Film Art社，一九八九年

電影是以餘味定輸贏

我獲選為藝術院會員，國家總算承認電影是一項藝術了。很意外，感覺成了重要人物。溝口健二若還健在，大概是第一個以電影人身分獲選的吧！

不過，我沒有打算當上藝術院會員就「從此以後只拍藝術電影」，我仍舊是我。人只能在他所處的環境中盡其所能發揮。我身在松竹，松竹的員工都是我的朋友，我必須為松竹著想。電影本來就有這樣的特性，不會只因為自己好就一切都好，何況製作電影的成本越來越高。

二月時家母過世，雖然大家都認為我「今年福禍雙至、一喜一憂」，但死亡是天意，並非不幸之禍。我原本把骨灰供在家裡，因為無法每天誦經，所以最近送到高野山納骨。

電影已經出現寬螢幕、七十釐米底片等改變，但我只打算用標準畫面拍攝寬銀幕拍不出的東西。這念頭在這次的《秋刀魚之味》尤其強烈，因此鏡頭數相當多，可能超過一千。

大體上，電影是類似舞臺劇橫向發展延伸出來的形式。在昭和初期，我就和山中貞雄、內田吐夢、伊藤大輔等人嘗試拍出縱向深度。我不會因為寬螢幕的出現，就胡亂橫向擴展。雖然餘日無多，但我可不想拍那種像從信箱口看外面的畫面。

我認為，電影是以餘味定輸贏。最近似乎很多人認為動不動就殺人、刺激性強的才是戲劇，但那種東西不是戲劇，只是突發事故。難道不拍事故、單純以「是嗎」、「是這樣啦」、「就是那樣啦」的調調就無法做出像樣的故事嗎？當然，電影類型變多了，什麼樣的題材都有也不是壞事，只是……

今後我想好好拍片，一年就拍一部，無論如何都要做到；雖然多拍一些，晚餐時也可多享受一壺酒……。下部作品也是人情故事，我無法拍出不同的東西。松竹的女演員齊全，很好。岩下志麻是十年才出一個的純情類型，具有松竹女星的氣質。岡田茉莉子飾演帶點滑稽的角色，相當出色，無人能出其右。

——《東京新聞》，一九六二年十二月十四日

有包容力的藝術

我認為，電影中的藝術與商業模式完全不能分開思考，甚至可能得靠商業目的，藝術這件事才得以成立。在文字與繪畫等個別藝術上，或許可以無視商業性質，但電影這個所謂的綜合藝術，雖然具有藝術特質，但以為藝術價值高就無視商業性，這就不對了。反之，也絕對沒有只靠商業性就完成的電影。電影製片公司如果成天只想著做生意，拍片的人若不在乎製作日數和費用、只想著拍出藝術性的作品，都無法提升電影。

站在導演的立場，製作電影時，其實不會一直意識到這是商業模式下的藝術，一定還是沉浸在藝術的感情中，我們也是一樣。但是，在企劃、完成一部電影的過程中，必須兼顧商業性與藝術性，協調好出錢的製片和出力的拍攝團隊，兩邊必須相互理解。

創作藝術的人輕易自稱是藝術家，我覺得莫名其妙，這些對文化藝術高談闊論的又是什麼人呢？我們侃侃而談要創作藝術、開創藝術，在藝術之名背後隱含的意義可能很多。我覺得，目前在日本，電影公司提供的條件中，投資者和創作者認真、和睦地製作出好作品，就是商業性中的電影藝術性。如果這樣還做不好、被視為沒有才能，也沒辦法。雖然這乍看有點消極主義，但電影不是紙上談兵，只靠稿紙、鋼筆和墨水就能完成，不能忽視資金的來源，不是只有自己拍得高興就好的小規模玩意兒。拍電影需要很多以此維生的人員和器材，因此需要資金，而電影成品必須再產生利潤。當然我也想過，如果我有很多錢，就可只拍自己喜歡的電影。但現實癥結在於，現在的電影是在商業模式中成立，仍然應該為企業努力以赴，不拍出所謂的藝術作品也沒什麼大不了。本質來看，電影是娛樂消遣。如果每一部電影都青筋暴露、自稱藝術，反而限制了電影的格局。從日本的現況來看，這也過於偏頗。常聽人說為了藝術而堅持，但我認為他們把藝術想得太簡單。我認為敬畏藝術不是壞事，真正的藝術應該更崇高，真正的藝術家在藝術面前知道要謙卑。多耗費金錢和日數就能創作出藝術作品嗎？藝術不是那樣的東西。我們必須更深入思考立足於電影商業性的藝術性，從中創作好作品。

電影藝術不論是什麼形式，都必須依靠企業。最好是像美國有製片家、有企業組織籌思藝術，像東寶那樣，因為負責製作電影的製片找不到人才，所以造成這次的失敗。「公司高層不懂藝術，我們想做的、做出來的是藝術作品，即使公司垮了，能夠製作出藝術作品就好，只要是好的作品就好。」每個人都這樣想，就是沒有人說只要賺錢就好。其實以東寶的情況，不必搞垮公司也做得出相當程度的作品，弄成現在這樣，是經營者的敗筆。看著東寶的情況，再看同是電影公司的松竹，在許多事情上確實大相逕庭。我覺得東寶一直不錯，也希望在製作日數和費用方面能像他們那樣，可惜做不到。我們與美國不同，電影市場太小，理所當然不能老是拍超過一萬呎的作品。現在看起來，東寶似乎處在無政府狀態。如果不及早找出對策，對勞資雙方都不好。現在以解雇的方式解決問題，從人道角度上，我無法認同。

從電影製作的實際面來看，東寶有些超過一萬呎的作品，我覺得以七千呎就能完成，「贅肉」太多。如果這種擁有贅肉的作品是藝術，我也只能閉嘴。或許我在松竹也拍了不符商業性的電影，但我還是盡量遵從公司的方針，即使站在導演的立場，仍能兼顧他們的想法。這種妥協建立在人與人之間的信任上，世上沒有不能商量和妥協的事情。詳情我不知道，但東寶的情況一開始是雙方彼此不滿的情緒問題，怎麼可以因為人多嘴雜，就失去人與人之間的密切關係？雙方應該理解彼此的主張。

日本電影的現狀還不到打著藝術口號就可不顧一切的地步，日活、東京發聲、第一映畫等公司，拍出好電影後，肯定會陷入困境。東寶的情況也一樣，禁不起因為要拍好電影而倒閉。

以長遠的眼光來看，有好作品，也有馬馬虎虎的作品，透過逐漸教育大眾來提升電影水準是最理想的情況。現在，雙方挾著藝術互相仇視，又能如何？大家都希望日本電影盡快變好，因此濫用藝術之名。事實上，東寶工會提議製作二十八部電影，不管是為了確立藝術性，還是也包含混水摸魚的東西，依然顧及了到商業模式下的藝術性，所以我希望公司方面能設法採納這個提議。

工會過度宣傳耗費時日的作品是藝術，就像人多誤事般、讓自己陷入自稱藝術的窘境中。在自己高唱的藝術中動彈不得，招致藝術本質降低的惡果，何其愚蠢。過度誇大藝術名分，藝術就變成只是需要花費時間金錢、卻賺不了錢的東西。

電影藝術，是在企業中製造樂趣，必須更大眾化、更有包容力才行。

——《電影旬報》，一九四八年六月下旬號

想描述泥中之蓮

說到我的目標，也沒什麼特別的，只是照我想的去做。簡單說，就是自然地去拍。所謂的方式不過是外在層次，一旦提及它的本質時，需要稍微想一想。

例如，我想讓一般人看懂我在戰後拍的東西，但我對這件事情似乎沒那麼積極……

我面對攝影機時想到的本質，是透過鏡頭尋回人類本來豐富的愛……戰後或許風俗人情、心理狀況產生了質變，但仍然有道力量在底層流動。那力量說是人性可能過於抽象，就算是人的溫情吧！我念念不忘的，就是如何才能將這溫情完美地表現在畫面上。

泥土是真實的，蓮花也存於現實中，泥土骯髒，蓮花的根、蓮藕埋在泥土中卻開出清麗的蓮花……泥中之蓮，這是描寫泥土和蓮藕以襯托蓮花的方式，反過來想，也可以藉由描寫蓮花，突顯泥土和蓮藕。

戰後的社會不潔、混亂、骯髒，這些都令我生厭，但這是現實。於此同時，也有謙虛、美麗而潔淨綻放的生命，這是另一種現實。無法同時關注這兩種現實，就不配稱為創作家，因此例如泥中之蓮，有兩種呈現方式……

不過，在這個時候謳歌美麗的人情味，立刻會被視為懷古或停滯徘徊。像這樣只有單一的眼光，只看到戰後的風俗世態，是無法拍出真相的。《晚春》、《風中的母雞》和以前的《長屋紳士錄》這些系列作品，都有我剛才提到的理念支撐……

在劇本不好、攝影器材差勁的惡劣條件中，如何表現出豐富情感呢？我為此必須留意每一個畫面，「難搞」之名也是因此而得的吧……

——《朝日藝能新聞》，一九四九年十一月八日

活在對電影的愛情中

問：小津導演從《我出生了，但……》、《獨生子》開始，到戰後的《長屋紳士錄》、《晚春》和這次的《麥秋》，一路拍下來，請問在這漫長過程中，如何為目前這部《麥秋》定位？您抱著什麼樣的決心呢……

答：《麥秋》最像《晚春》，至於我想在片中表現什麼呢？雖然不確定有沒有做到，但我想減少戲劇誇張的成分，想不著痕跡地堆砌表現時的餘韻。這會化成一種感染力，讓觀眾在看完電影後感到餘韻無窮……我希望至少能做到這點，所以放膽去試。當然，電影在沒有完成前無法定論。不過這就是我的目標：電影並不是滿滿十分的戲劇性，而是只展現七、八分，讓那些沒有表現出來的部分打動人心。如果這次做得有趣，我將來都會嘗試這樣的電影；如果反應不佳，我會重新學習，思考怎麼樣才能拍得好……我一再說過，小說著重的是行與行之間的語感，日本畫強調的是留白，都不是激情的展現，而是細細品味。因此對我來說，這樣的題材比較冒險。當然，以前不是沒有這樣的嘗試，我只是覺得，差不多可以拍這樣的東西了吧！（他想了又想、斷斷續續地說。）

問：前幾天《東京新聞》刊出笠智眾先生的訪談，提到您去看馬諦斯（Henri Matisse）的畫展時說：「很有餘裕，給人游於藝的感覺，不愧是偉大的畫家。」

答：其實那些話不是我說的，是志賀直哉先生寫過類似的話，我很贊同而已。他說：「東搓搓西揉揉，嘀咕著這也不對、那也不對的工作，或許是藝術，但只要做的人沒有樂在其中，大致來說，可能只算是工匠技藝。」這個意思是，我好像還沒走出工匠技藝的領域。（小津先生微微一笑，但不是自嘲的微笑，而是非常理解自己的坦然笑容。）

問：導演在戰前，帶著愛描寫住在工廠瓦斯儲槽附近和荒涼地區的人們，但在戰後，這些人、事、物都從銀幕上消失了。沒有了飯田蝶子飾演的媽媽和可愛的調皮小鬼，我們都有些失落，關於這一點，您怎麼看待？

答：我這樣說或許不好聽，但我對住在那些地區的人，已經不像以前那樣有愛了。以前，那些人不會這樣不近人情，大家會有在自家門口種些牽牛花等讓環境美化的想法，但他們現在亂丟垃圾，以致生活品質降低，在我眼中，已經沒有以前那種可愛的一面了。（暫時沉默。）

我想，可以這麼說，在描寫骯髒的事物時，把它說成乾淨的，那是在騙人，但不誇大它的骯髒是行得通的。不過，這樣做並不是寫實。其實，那些共產主義國家的電影都不算寫實。所以當我們強調乾淨的一面時，或許也與他們同罪（笑）。但不是說我今後的電影中絕對沒有瓦斯儲槽和頑皮小鬼。而且我並沒有一下子變成有錢人，我還是會拍下去。（眾人哄笑，雖然已經超過約定時間五分鐘，但小津先生完全忘記此事。與當初可怕印象完全不同，給人親切歐吉桑的感覺。）

問：那麼，也有可能從《晚春》和《麥秋》的世界，再度回到荒地工寮或簡陋的長屋嗎？那些媽媽們到現在還念著導演呢！

答：那些是我出發的原點，我不可能回到其他地方，但我現在實在沒有描寫討厭鬼的心情。

問：您是否期許不再是當年的無奈孤寂，而有更積極的現代姿態？

答：是的，如果我現在重拍，不會從那樣絕望、那樣認命的角度來拍，我會試著找出更開朗明亮的切入點。以前的確有種無奈，但那是一種不負責任的想法。現在回頭看，應該可以做出和當時不一樣的作品。這樣寫實面或許減弱，但我沒打算當教育家，所以會從那個方面做起。（講到這裡，語氣稍快，有點激動。）

問：應該表現得很正面吧？

答：有的，但很難以不虛構的前提來做，但如果變成做作的教育片，也很麻煩……

問：導演這條路您已經走了二十多年，在這期間，世事有不少變化，電影題材也更加豐富，您有沒有一直追求的永恆題材呢？

答：以我的情況來說，還是人情吧！

問：是人情義理裡面的人情嗎？

答：有一點不同。我眼中的人情雖然沒變，但是表現人情的方式改變了。

問：您本身沒變，但是社會變了，您的觀點因而移轉。所以，在背景和人物方面，您把以前對舊市區庶民的愛情，轉而強烈投注在鎌倉一帶的大學教授家裡錯過婚期的女兒身上？

答：算是移轉了吧，但本質上沒有改變。人不是那麼容易改變的……至於鍾愛的角色，我雖然常常描寫女人，不過一般而言，私娼、寡婦和藝妓這些角色本身都有其個性或特異性，比較容易掌握。但一般的女兒角色，在小說中也一樣，是屬於難以描寫的類型，因此，我很強烈地想描寫女孩真正的心情。

問：導演是受到西洋創作家的影響嗎？

答：的確有很大的關係。比如說，我最近非常喜歡威廉．惠勒和約翰．福特，看了《深閨夢迴》（*The Heiress*），非常佩服。是什麼地方令我佩服呢？應該還是那種手法表現出來的電影氛圍，給我很大的啟發。我想模仿，但不是他在這個地方這樣拍、我也跟著這樣拍，而是處理手法的啟發。那邊是美國，可以直接在平底鍋上塗奶油煎東西，我們是用柴魚片熬高湯，兩邊有所不同。不過，處理手法不會受到感覺不同而影響。進一步說明，我看了惠勒的電影後，在某些情境會想到那部作品裡有類似的場面，也想試著拍拍看，但並不是直接整段使用在我的作品裡。

問：您的意思是，在內容上型塑導演的，應該是來自文學等藝術方面的感動嗎？

答：就是文學。

問：具體來說，是什麼樣的作品？

答：還是志賀先生的作品吧，他的書中有很多見解和對人的愛。不是只關注事件的進展，他透過發生的事件，述說著對事物的見解和愛。

問：不過，隨著世間及事件激盪變化，不是人類極其自然的一種心境嗎？

答：那種情況就讓擅長那題材的人來做就好。例如，有人會製作納豆，有人會做油豆腐，有人會做豆腐，如果是我只做納豆就好。而同樣是納豆，我會做不同的納豆，而且，是竭盡全力去做非我來做不可的納豆。

問：是更庶民化的納豆嗎？

答：那是題材問題，只要有好的題材，我就想拍。但因為節目的關係，「長屋系列」很難獨當一面，需要更大的格局和絢爛華麗的內容。既然這樣，心想只拍母親和頑皮小鬼集團就好了，不過那也相當累人。

問：您是基於商業要求，才拍攝《晚春》和《麥秋》這兩部作品嗎？

答：我希望在顧及我的想法同時，也具有商業價值。同一部電影，行銷部門從商業方面考量，製作部門從藝術方面著墨，彼此協助。因此，我不會以能否賺錢當成做不做的基準。此外，呈現一個場景時，實際製作能力和我們的想像會有差距，執行起來困難很多。不過，像是鎌倉附近的中產階級學者家庭場景，只要查一下文獻，立刻能做出來，也能迅速完成外拍，當然，這是圈內話。

問：我們回到前面的話題，導演說現在的庶民生活沒有人情，原因何在？

答：並不是人們變壞了，這個社會依然很壞，但要歸咎社會的壞，那會沒完沒了。況且，讓大家看到「電影中的人那麼壞也沒怎樣、我又何必介意」的一面，只會讓壞人更心安理得，讓社會更壞。所以我想說一些不同的故事。

問：我們完全理解。不過，雖然看到《麥秋》中呈現的深刻美好，但也給人那只是逃出粗暴社會的喘息地方……

答：這就是我剛才說過的，我只做納豆……

問：所以說，導演並不是要去揭發社會的惡，只是想在我們痛苦的生活中找出美好的事物。《麥秋》中，嫂嫂和小姑吃了九百圓的蛋糕，嫂嫂說，這些錢可以買很多布料，太浪費了，但還是吃得津津有味。但對一般人來說，九百圓的蛋糕不會太貴嗎？

答：（稍微想了一下，清楚地說）還是會吃，她們不是吃了嗎？雖然覺得浪費，但又覺得可口……

——《映畫新潮》，一九五一年十一月號

小津談自己的電影創作

本文原載於《電影旬報別冊：小津安二郎特集》，一九六四年二月號增刊。《小早川家之秋》與《秋刀魚之味》兩篇摘錄自小津長年合作的編劇野高梧的日記。

01 懺悔之刃

老實說，我當初並沒有打算盡快當上導演。何況擔任助理導演，可以悠哉喝酒，當了導演後，晚上反而不能好好睡覺，還必須忙著寫分鏡……但是身邊的人都勸我應該拍部片子看看。如果要拍，我想拍劇本已經寫好的《堅硬的瓦版山》，可是就在我摩拳擦掌準備開工時，卻被告知拍這部野田的劇本。昭和二年八月，我接到公司的聘書，裡面有條但書：「特命為導演，但隸屬古裝劇部」。當時古裝劇的位階比時裝劇矮一級。我拿到聘書後沒多久，蒲田片廠的古裝劇部解散，我卡在不上不下的職位。片子剛開拍，我又接到徵召令，雖然日夜趕拍，還是來不及拍完。入伍伊勢軍團後，第一幕戲交由齋藤寅次郎完成，我回來時已經上映。在電影院看完後，不覺得那是我的作品。因此，雖然是我的第一部作品，但我只看過一遍。

*

松竹蒲田．一九二七年，原作：小津安二郎，編劇：野田高梧，攝影：青木勇，主演：吾妻三郎、小川國松、河原侃二。

02
年輕人的夢

拍完《懺悔之刃》後，我連續拒絕六、七部公司派下來的片子；實際上我並不想那麼快當導演。我希望先放鬆一點，於是自己寫劇本，當然還是遵循公司的計劃。也是從這部片子開始，和一直擔任我電影攝影師的茂原英雄初次合作。他真是一位出色、難得的攝影師。現在合作的厚田雄春是他的助手，從這部《年輕人的夢》就跟著他。

＊

松竹蒲田．一九二八年，原作、編劇：小津安二郎，攝影：茂原英雄，主演：齋藤達雄、若葉信子、吉谷久雄、松井潤子、坂本武、大山健二。

03 太太不見了

這是某個雜誌徵選得獎的電影劇本，說不上有趣，老實說我也完全不記得內容了，是公司派下來的製片計劃。

＊

松竹蒲田．一九二八年，原作：高野斧之助，編劇：吉田百助，攝影：茂原英雄，主演：齋藤達雄、岡村文子、國島莊一、菅野七郎、坂本武、關時男、松井潤子、小倉繁。

04 南瓜

這部片子非常短，但也是從這個時候開始，我終於理解如何寫分鏡。

＊

松竹蒲田．一九二八年，原作：小津安二郎，編劇：北村小松，攝影：茂原英雄，主演：

齋藤達雄、日夏百合繪、小櫻葉子、坂本武。

05

搬家的夫婦

這也是公司指定的劇本。雖然受命拍片，但我當時是欣然答應的。因為我有一點想嘗試，拍了這部算是玩一玩的作品。但是拍完後，影片被剪得非常短，不是我當初想像的作品。

*

松竹蒲田．一九二八年，原作：菊地一平，改編：伏見晁，攝影：茂原英雄，主演：渡邊篤、吉川滿子、大口一郎、中濱一二、浪花友子、大山健二。

06

肉體美

嗯，我的作品總算有點格局，就是始於這部片子。也是這部作品，公司認可了我的能力。我還記得當時內田岐三雄在《電影旬報》為這部作品寫了一篇有名的影評。我也大致領悟到，電影這樣拍就對了。現在的導演自立後，立刻就能拍正式的長片，但當時的新人導演只能拍三十分鐘左右的短片，很難找到自己的方向。也因此自己完全領悟以前，需要一段時間。

＊

松竹蒲田．一九二八年，原作、編劇：伏見晁，改編：小津安二郎，攝影：茂原英雄，主演：齋藤達雄、飯田蝶子。

07 寶山

這部電影在非常匆忙中構思出來，通宵熬夜、連續五天拍完。意外的是我一點也不累，第六天早上玩棒球，能清清楚楚看見球，畢竟年輕啊。不過，接下來就嘗到惡果，長時間困擾著我。

＊

松竹蒲田．一九二九年，原作：小津安二郎，編劇：伏見晁，攝影：茂原英雄，主演：小林十九二、日夏百合繪、青山萬里子、岡村文子、飯田蝶子、浪花友子。

08 年輕的日子

這是一部穿插滑雪橋段的學生喜劇。主角是個學生，住在掛著「出租」牌子的屋子裡，藉此觀察那些來看房間的人。如果是討厭的傢伙，就說已經租了；如果是漂亮的女生，就把房間讓給她，自己搬走，但是東西還留在房間裡，製造以後回來拿東西、見面說話的藉口。

當時，伏見和我想了好幾個類似的故事，我這段時期的電影，很多都是和伏見共同創作的。每到黃昏，我們就去銀座喝酒吃飯聊天，然後回到我深川的家，繼續閒聊聽音樂，夜深時再喝杯紅茶，天亮時，一個故事就完成了。必定要耗上一整夜，現在想起來還覺得不可思議。

＊

松竹蒲田・一九二九年，原作、編劇：伏見晁，改編：小津安二郎，攝影：茂原英雄，主演：齋藤達雄、結城一朗、松井潤子。

09 日式歡喜冤家

這是野田構思的故事。兩個男人圍繞在一個女孩身邊，很一般的故事，所以特別加上日式兩字。

＊

松竹蒲田．一九二九年，原作、編劇：野田高梧，攝影：茂原英雄，主演：渡邊篤、吉谷久雄、高松一郎、浪花友子、結城一朗、若葉信子。

10 我畢業了，但……

這是我開始找高田稔和田中絹代拍戲的電影。我有很多作品以學生為題材，需要年輕演員，不是演上班族就是學生，但是當時的上班族類型有限，學生呢，不像現在這樣和警察鬧事起衝突，而是輕鬆悠哉的，很容易成為無厘頭喜劇的材料。這部片子本來是清水宏打算自己拍的，最後轉到我手上。我那時也有無論什麼都必須去做、想做什麼就非做不可的心情。電影創作者有藝術性的想法固然很好，但也需要具備掌控各種事物的藝匠本領。不過成了藝匠也很麻煩。但在當時，我們能有這樣的藝匠訓練，實在幸福。不需顧慮任何人，做自己愛做的事，現在的人恐怕無法如此盡興吧……

＊

松竹蒲田・一九二九年，原作：清水宏，編劇：荒牧芳郎，攝影：茂原英雄，主演：高田稔、田中絹代、鈴木歌子、大山健二、日守新一、木村健兒、坂本武。

11 會社員生活

這部片子算是上班族電影的先驅。雖然還是以往的無厘頭喜劇，但我企圖以比較寫實的畫面說故事。對了，這部片子中，我很難得地使用了重疊技法，也就這一次，用來表現早晨的氛圍。雖然運用起來很方便，但很無聊。不過，這是用對地方就能好好發揮的技法，可惜大多數電影用來混淆掩飾，我討厭矇混用的重疊。

松竹蒲田・一九三〇年，原作、編劇：野田高梧，攝影：茂原英雄，主演：齋藤達雄。

*

12 突貫小僧

《會社員生活》中有個童星青木富夫，是拍戲拍到一半會睡著的有趣小鬼。我覺得很有意思，想拍一部作品以他為主角。有一天我跟大家說了這想法，正好德國啤酒送來，大家想喝，便一邊喝酒一邊構思劇本。原作掛名的野津忠二，就是野田、我、池田和大久保忠素的合成筆名。由我拍攝，拍戲時間確實只花三天。

*

松竹蒲田・一九二九年，原作：野津忠二，編劇：池田忠雄，攝影：野村昊，主演：齋藤達雄、青木富夫、板本武。

13 結婚學入門

在我的作品進度表上，這部片子前面還有一部《生存力》，但只宣布要拍，實際上連劇本都沒有。而這部《結婚學入門》是新春賀歲片，實際拍攝是昭和四年，是一部比較低調樸實的賀歲片，也是我第一次起用栗島澄子。

＊

松竹蒲田．一九三〇年，原作：大隈俊雄，編劇：野田高梧，攝影：茂原英雄，主演：齋藤達雄、栗島澄子、奈良真養、岡村文子、高田稔、龍田靜枝、吉川滿子。

14 開心地走吧

這是一個不良少年的更生物語。原作雖然是清水宏，事實上創意來自坊間口耳相傳的故事。

＊

松竹蒲田．一九三〇年，原作：清水宏，編劇：池田忠雄，攝影：茂原英雄，主演：高田稔、川崎弘子、伊達里子。

15 我落第了，但……

這是《我畢業了，但……》的反面故事。一個準備畢業考的學生把小抄寫在白襯衫袖子上。當天被房東的女兒刻意洗掉，於是畢不了業。沒想到後來，其他通過考試順利畢業的人找不到工作，反而這位不能畢業的學生過得輕鬆快樂，因為家裡繼續送來生活費。這是短片，也是這部片子開始，我把笠智眾視為真正的演員，雖然以前也跟他合作過……

＊

松竹蒲田・一九三〇年，原作：小津安二郎，編劇：伏見晁，攝影：茂原英雄，主演：齋藤達雄、橫尾泥海男、關時雄、三倉博、田中絹代、月田一郎、笠智眾。

16 那夜的妻子

這是在《新青年》連載的翻譯小說，第一次和岡田時彥合作。全劇長度七捲，除了第一捲，其他六捲都在同一場景中拍攝。因此整晚都沒有睡，為了思考分鏡，真是煞費苦心，不過收穫倒也不少。我記得完成後，城戶先生大為讚賞，叫我去溫泉地休息一番。

＊

松竹蒲田．一九三〇年，原作：奧斯卡．希斯科（Oscar Schisgall），改編：野田高梧，攝影：茂原英雄，主演：岡田時彥、八雲惠子、岩間照子、齋藤達雄、山本冬鄉。

17 愛神的怨靈

雖然城戶先生叫我去泡溫泉、好好休息，但實際上還要我拍一部片子回來。這是哪門子的休息？我在那裡拍了這部片子。雖然去了溫泉地，卻不能放鬆。這是配合中元節的應景電影，內容也記不得了……

＊

松竹蒲田．一九三〇年，原作：石原清三郎，編劇：野田高梧，攝影：茂原英雄，主演：齋藤達雄、月田一郎、伊達里子。

18

瞬間的幸運

這……到底是什麼樣的片子？我怎麼也想不起來。

＊

松竹蒲田．一九三〇年，原作、編劇：野田高梧，攝影：茂原英雄，主演：齋藤達雄、吉川滿子、青木富夫、市村美津子、關時男、月田一郎、坂本武。

19

大小姐

這部片子是根據公司方針拍攝的大堆頭喜劇，用了許多當時的明星，我也拍得特別賣力。工作人員中的搞笑「創意」詹姆斯．槙，就是我。本來是我、伏見、池田和北村小松等人共用的虛構筆名，但名字決定後，他們都不用，最後變成小津專用。

＊

松竹蒲田．一九三〇年，原作、編劇：北村小松，創意：伏見晁、詹姆斯．槙、池田忠雄，攝影：茂原英雄，主演：栗島澄子、岡田時彥、齋藤達雄、田中絹代、岡田宗太郎、大國大郎、山本冬鄉、小倉繁、龍田靜枝、毛利輝夫、浪花友子、橫尾泥海男、光喜三子。

20 淑女與髯

岡田演得非常好，而且討喜。雖然八天就拍完，評價卻比我更賣力拍的《大小姐》好，電影真是難以捉摸的東西。

＊

松竹蒲田．一九三一年，原作、編劇：北村小松，創意：詹姆斯．槙，攝影：茂原英雄，主演：岡田時彥、川崎弘子、飯田蝶子、齋藤達雄、坂本武、伊達里子。

21 美人哀愁

這是我想改變無厘頭路線，發奮挑戰寫實一些的浪漫情調作品，沒想到拍得冗長鬆散。我拍得很用心，結果失敗，反而是輕鬆拍的《淑女與髯》成績較好，真是情何以堪……那一陣子我變得不懂電影了，但心裡卻很清楚，不能陷在這裡。

＊

松竹蒲田・一九三一年，編劇、改編：池田忠雄，攝影：茂原英雄，主演：岡田時彥、齋藤達雄、井上雪子、岡田宗太郎、吉川滿子、若水照子。

22 東京合唱

因為前部作品失敗而意興闌珊，所以我決定這部片子慢慢磨。拍攝時間是夏天，但是天氣晴朗的日子也沒有出外景，因為太熱。當時，我不知道電影該怎麼拍才好。總覺得導演終究不是留名後世的工作，甚至一度認為電影很無趣。不過，現在回想起來當時電影對我而言，已經沒有什麼吸引力了……

＊

松竹蒲田・一九三一年，原作：北村小松，編劇：野田高梧，攝影：茂原英雄，主演：岡田時彥、八雲惠美子、齋藤達雄、飯田蝶子、坂本武、菅原秀雄、山口勇。

23 春隨婦人來

這也是我對電影產生困惑那一陣子拍的作品，詳細內容已經忘記。大概是從《淑女與髯》起，我不再寫好分鏡才拍。雖說先完成分鏡再拍有幾分安心，但結果都一樣，反而沒有分鏡時，可以一口氣掌握接下來的拍攝畫面。

＊

松竹蒲田．一九三二年，原作：詹姆斯．槙，編劇：池田忠雄、柳井隆雄，攝影：茂原英雄，主演：城多二郎、井上雪子、齋藤達雄、坂本武。

24 我出生了，但……

這是出於想拍一部兒童電影的心情而創作的作品，小孩終於長大成人的故事……起初應該是比較正面的，但是拍到一半故事改變了，最後變得非常陰鬱，公司也沒有想到會是這麼灰暗的故事，結果擱置兩個多月才上映。在這部電影裡，我首次刻意地不使用淡入、淡出等技法，直接卡鏡頭做結束。在這以後，我也確實沒再用過。大體上，我不認為重疊、淡入、淡出這些是電影的文法，那應是攝影機的功能。

＊

松竹蒲田．一九三二年，原作：詹姆斯．槇，編劇：伏見晁，攝影：茂原英雄，主演：齋藤達雄、菅原秀雄、突貫小僧、小藤田正一。

25 青春之夢今何在

拍攝《我出生了，但……》時童星受傷，於是半路改拍這部片子，有點像《忠直卿行狀記》的膚淺故事。

想想看，當時我一年要拍四、五部大片，但並不怎麼忙碌，現在即使一年只拍一部，也沒有那樣優閒。

＊

松竹蒲田．一九三二年，原作、編劇：野田高梧，攝影：茂原英雄，主演：江川宇禮雄、武田春郎、水島亮太郎、田中絹代、齋藤達雄、飯田蝶子、大山健二、笠智眾、葛城文子、伊達里子。

26 何日再逢君

這部電影首次起用岡田嘉子，我覺得她很會演戲。這部作品是我第一部有聲錄音作品。蒲田片廠在昭和六年拍攝有聲片《夫人與老婆》後，新片漸漸都改為有聲電影，但我因為個人因素，一直堅持默片。攝影師茂原也在研究他自己的有聲技術，我答應他研究成功就採用，因此我一直沒考慮蒲田使用的土橋式有聲技術。

*

松竹蒲田．一九三二年，劇本：野田高梧，攝影：茂原英雄，主演：岡田嘉子、岡讓二、奈良真養、川崎弘子、飯田蝶子、伊達里子。

27 東京之女

這部非常急就章，花費大約八天拍攝，劇本還沒寫好就開拍。故事描寫一個白天在公司上班、晚上到奇怪酒吧的女人。實際上是大家親眼目睹這種女人跳舞後想出來的。原作的名字是虛構的，是部小巧完整的片子，畫面的位置等也是從這時候固定的。

＊

松竹蒲田．一九三三年，原作：艾倫斯特．史瓦茲，編劇：野田高梧、池田忠雄，攝影：茂原英雄，主演：岡田嘉子、江川宇禮雄、田中絹代、奈良真養。

28 非常線之女

從《開心地走吧》以後，我開始拍流氓的故事。屬於通俗劇情片。

＊

松竹蒲田．一九三三年，原作：詹姆斯．槙，編劇：池田忠雄，攝影：茂原英雄，主演：岡讓二、田中絹代、三井秀男、水久保澄子、逢初夢子、加賀晃二、高山義郎、南條康雄。

29 心血來潮

我在深川長大，那時有個非常閒散的好人常出入我們家，他大概就是喜八的原型。池田住在御徒町，也看過那樣的人，於是我們一起創造出這個人物。這部電影中有一幕，父親逗留風月場所，孩子在學校被嘲弄，氣得回家擰下父親的盆栽葉子。從女人那裡開心回到家的父親見狀，一巴掌打倒孩子，孩子也還擊打父親，這時父親突然縮成一團，孩子看了，便停手放聲大哭……如果有拷貝，我很想再看一次這橋段。

*

松竹蒲田．一九三三年，原作：詹姆斯．槙，編劇：池田忠雄，攝影：杉本正二郎，主演：坂本武、清木富夫、大日向傳、伏見信子、飯田蝶子。

30
我們要愛母親

這是一部劇本不夠細膩的片子。主要情節是一個大家族的沒落，放到現在還可以，但在當時只有這條主線是沒有看頭的。因此弄成同父異母的兄弟姐妹故事，結果變得有點冗長。不過，我記得很清楚，在拍這部片子時我父親過世。

＊

松竹蒲田．一九三四年，構思：野田高梧，編劇：池田忠雄，編劇助理：荒田正男，攝影：青木勇，主演：岩田祐吉、吉川滿子、大日向傳、三井秀男、奈良真養、光川京子、笠智眾、松井潤子、逢初夢子。

31 浮草物語

這是比較像樣的作品。雖然有人稱這是「喜八片」（喜八是《心血來潮》男主角的名字），但並不算是同一個系列，只是這些「喜八」總是同樣性格的人……當時其他人都在拍有聲片，只有我堅持默片。雖然在昭和七年、八年和九年都入選《電影旬報》十大佳片第一名，但在昭和十年時終究不行了。

＊

松竹蒲田．一九三四年，原作、編劇：池田忠雄，攝影：茂原英雄，主演：坂本武、飯田蝶子、三井秀男、八雲理惠子、坪內美子、谷麗光、突貫小僧、山田長正。

32 溫室姑娘

本來想拍一個系列，結果一部就完結了。這是一月新春檔期要上的片子，預定十二月三十日殺青，卻因攝影機故障而延期，除夕晚上通宵趕拍，元旦早上才完成。我還記得大家滿臉鬍鬚渣子，吃年糕湯慶祝。

*

松竹蒲田．一九三五年，原作：式亭三石，編劇：野田高梧、池田忠雄，攝影：茂原英雄，主演：飯田蝶子、田中絹代、坂本武、突貫小僧、竹內良一、青野清、吉川滿子、縣秀介、大山健二。

33 東京之宿

這部片子之前，我拍了一部非劇情片：第六代的《鏡獅子》。是一部紀錄片。

由於默片已無法完全呈現當時的社會情勢，這部電影雖然還是默片，但已不得不採用有聲電影的手法。例如兩個人對話的場面，把說者A的臺詞插入聆聽者B的特寫畫面中。

＊

松竹蒲田．一九三五年，劇本：荒田正男、池田忠雄，攝影：茂原英雄，主演：坂本武、突貫小僧、末松孝行、岡田嘉子、小島和子、飯田蝶子。

34 大學是個好地方

這部片子雖然講述大學生的租屋生活，卻是不快樂的學生生活；是有點灰暗的故事。

＊

松竹蒲田．一九三六年，原作：詹姆斯．槙，編劇：荒田正男，攝影：茂原英雄，主演：近衛敏明、笠智眾、小林十九二、大山健二、池部鶴彥、日下部章、高杉早苗、齋藤達雄、飯田蝶子、出雲八重子、坂本武、爆彈小僧。

35 獨生子

這是我的第一部有聲電影。是把之前寫的劇本《東京好事》——拍攝不久後即停拍——重新寫成有聲電影版。

紀錄上雖然是大船片廠的作品，事實上是在蒲田片廠拍攝。當時片廠已全部遷到大船，但是大船並不採用茂原式有聲電影攝影技術，因此我們在蒲田的空攝影棚內拍攝。因為電車聲音很吵，白天不能拍戲，於是都在半夜十二點到凌晨五點之間拍攝，每晚只拍五場戲。我拍得很快樂，但由於無法捨棄骨子裡的默片精神而有點徬徨。雖然明知默片和有聲電影的一切都不同，最後還是拍成默片風格的有聲電影。當時真的不知如何是好，自己都覺得比別人晚了四、五年，有點遲了。

現在回頭看，又覺得當初拍默片堅持到底，很有益處。

＊

松竹蒲田・一九三六年，原作：詹姆斯・槙，編劇：池田忠雄、荒田正男，攝影：杉本正二郎，錄音：茂原英雄（SMS系統），主演：飯田蝶子、日守新一、葉山正雄、坪內美子、笠智眾、浪花友子、爆彈小僧、突貫小僧、吉川滿子。

36 淑女忘記了什麼

這部作品的特徵，是舞臺背景從以前常拍的低地舊市區移往高地新興住宅區。當時，我家也從深川搬到高輪南町。雖然不是這個原因，但感覺新興住宅區相關的電影比較少，所以才打算拍這樣的主題。即使現在，以舊市區和郊區為舞臺的很多，描寫新興住宅區的作品很少。

這部片子以後，我寫完劇本《父親在世時》就出征了。對了，在那之前，我還寫了內田吐夢的《無限的前進》，原名是《愉快哉、保吉》，打算自己拍，也跟公司談過，但因為我前面的電影都不賣座，所以沒被採納。我再跟內田談起這事，他說他來拍，公司就答應了。不過，其實內田拍出來的和我原先構想的相差很多，我的是部喜劇，沒有那麼沉重。主角是一個連續工作三十年的男人，有一天突然對自己的人生產生疑問，於是嘗試了一直想做的事：裝瘋賣傻、做一天威風八面的大人物。雖然有人對他難得的連續工作績效化為泡影感到可惜，但他自認這裝瘋的一天比過去三十年的任何一天都要快樂有趣。從那以後，公司裡面也開始流行裝瘋賣傻。內田則拍成特定人物的故事，跟我的構想很不同吧？如果有機會，我想以原來的設定重拍一次。

我出征兩年，昭和十四年回來後，寫了《茶泡飯之味》。不是寫戰後的故事，是寫準備上戰場的男人，在出征前夕，和太太細細品嘗茶泡飯的故事。然而這個劇本被上面擱置了，他們說，該吃紅豆飯歡送的出征前夕卻吃茶泡飯，這算什麼？不正經！我也想過，如果能重寫就重寫，但這樣就不是我要的故事了，只好作罷。

＊

松竹大船．一九三七年，劇本：伏見晁、詹姆斯．槙，攝影：茂原英雄，主演：齋藤達雄、栗島澄子、桑野通子、佐野周二、坂本武、飯田蝶子、吉川滿子、葉山正雄、突貫小僧、出雲八重子、上原謙。

37 戸田家兄妹

這部電影的家庭氣氛類似《茶泡飯之味》，因此我很慎重地把重心放在母愛上。電影拍得很趕，上映當天被告知一定得拍完，時間只剩兩個小時，沒辦法，只好都以遠景處理。雖然我拍得戰戰兢兢，但畫面上看不出來。無關賣座而拍得愉快的電影中，《戸田家兄妹》是我喜歡的作品，佐分利和高峰三枝子是第一次合作，在當時算是豪華的明星陣容。大概這個緣故，打破了小津作品不賣座的風評，票房非常好。總算有觀眾願意捧場看我了？

*

松竹大船．一九四一年，劇本：池田忠雄、小津安二郎，攝影：厚田雄春，主演：佐分利信、高峰三枝子、桑野通子、葛城文子、三宅邦子、齋藤達雄、吉川滿子、坪內美子、笠智眾、近衛敏明、藤野秀夫。

38 父親在世時

我覺得笠智眾演完《獨生子》的炸豬排店老闆後，演技變好了，我還想看看那個演兒子的津田少年現在怎麼樣了……這部片子重新改寫了以前的劇本。電影這東西是隨著時間經過越趨細膩，以前寫的劇本不能直接拿來使用，所以我一改再改，希望在這一點上也有進步。

在這之後，我寫了《遙遠的父母之國》劇本後，被派到南方去，昭和二十一年初才回來。雖然留下《遙遠的》劇本，但中間經歷一場火災，不知下落。這是佐野和笠智眾的軍中故事，我覺得拍出來會是個有趣的電影，但是軍方的想法好像不同……說應該拍更英勇一點的故事。最後，我放棄了。

這段期間我的作品極少，大概一年一部，如果沒有戰爭的話，至少還會增加七部。

＊

松竹大船．一九四二年，劇本：小津安二郎、池田忠雄、柳井隆雄，攝影：厚田雄春，主演：笠智眾、佐野周二、坂本武、水戶光子、西村青兒、佐分利信、日守新一、奈良真養、文谷千代子。

39 長屋紳士錄

我剛回國，還沒復原，公司已催我快點拍戲。十二天寫好劇本，我一向寫得那麼快嗎？不是，也就這麼一次，此後再也沒有這樣快過。我在新加坡時，看了這輩子最多的外國電影，因此有人認為我會有些改變，可是《長屋紳士錄》的風格和以前完全沒變。好一個頑固的傢伙。

＊

松竹大船．一九四七年，劇本：池田忠雄、小津安二郎，攝影：厚田雄春，主演：飯田蝶子、青木富廣、河村黎吉、笠智眾、坂本武、吉川滿子、小澤榮太郎。

40 風中的母雞

在《長屋》之後，我還寫了《月亮出來了》，因為種種緣故，直到現在還無法拍攝。那部劇本大概也作廢了。

作品難免有失敗，如果是對自己有益的失敗也不錯。但是這部《母雞》實在不是個好的失敗作品。

＊

松竹大船，一九四八年，劇本：齋藤良輔、小津安二郎，攝影：厚田雄春，主演：佐野周二、田中絹代、笠智眾、村田知英子、文谷千代子、清水一郎、三井弘次。

41 晚春

自《溫室姑娘》以後，和睽違許久的野田再度共事。導演與編劇一起工作時，如果體質、個性不同，通常不會順利。如果一個早睡早起，另一個晚睡晚起，不但工作上不能配合，甚至會更累。在這方面，野田、齋藤良輔和我，不論喝酒還是作息時間都非常合得來，這點很重要。我和野田共同撰寫劇本的時候，當然也一起想臺詞。我們雖然沒討論場景的細節和服裝，但各自腦中的想像卻能一致，完全不會話不投機。就連臺詞的語尾詞是用「哇」還是「喲」，都能契合，實在不可思議。有一次我跟里見弴說起這事，他說法國的聾葛爾（Goncourt）兄弟合寫小說時好像也是這樣。當然，我們也有意見不同的時候，因為彼此都頑固，難以妥協。

＊

松竹大船，一九四九年，原作：廣津河郎，編劇：野田高梧、小津安二郎，攝影：厚田雄春，主演：笠智眾、原節子、杉村春子、宇佐美淳、三宅邦子、月丘夢路、三島雅夫、坪內美子、桂木洋子。

42 宗方姊妹

大佛先生常說：「這是你們的《宗方姊妹》。」這部劇本寫得特別輕鬆，第一次在新東寶拍戲，以前的朋友鼎力相助，非常愉快。但老實說，原著很不好拍，因為要在現有的明星身上，找到原作者依自己想像而寫的角色個性，非常困難。

通常我在寫劇本時，都會依據要演這個角色的演員優點和性格而寫，這樣演員演起來也輕鬆。以前起用新人時總是費盡心力，現在只想好好用那些好演員。我已沒有動力與什麼都不會的人合作了，只要演員好就好，勝過結果的好壞。一點點好就自以為厲害，是最棘手的。只要是好演員，我總是希望在下部電影中再用，即便是勉強安排一個角色。

＊

新東寶・一九五〇年，原作：大佛次郎，編劇：野田高梧、小津安二郎，攝影：小原讓治，主演：田中絹代、高峰秀子、上原謙、山村聰、堀雄二、高杉早苗。

43 麥秋

我拍這部片子，是想拍出比故事本身更深一層的「輪迴」或「無常」。這是我目前為止最辛苦的經驗。片中的小孩蠻橫不講理，雖然脾氣壞，但世代不同，那樣的小孩長大後應該會有相當的改變。因此，不完全拿掉戲劇成分，我做了留白，我想這個留白會讓人回味不已。這種感覺，懂的人應該就看得懂……

原節子是個好演員，如果再有四、五位這樣的演員，那就太好了。

＊

松竹大船，一九五一年，劇本：野田高梧、小津安二郎，攝影：厚田雄春，主演：原節子、菅井一郎、東山千榮子、笠智眾、三宅邦子、二本柳寬、淡島千景、井川邦子、杉村春子。

44 茶泡飯之味

這是在戰爭時寫的劇本，因為當時的檢閱制度而封箱，我覺得這樣擱著不用很可惜，於是重新改寫。原作中主角原要出征，但因為時代改變，改讓他去南美，我承認戲劇的張力因此減弱。不過，我只是想拍女人眼中的男人，除了相貌、幽默之外，還有哪些優點。可惜，這不是成功的作品。

＊

松竹大船・一九五二年，劇本：野田高梧、小津安二郎，攝影：厚田雄春，主演：佐分利信、木暮實千代、鶴田浩二。

45 東京物語

我試著透過雙親的年邁與子女的成長，描寫日本的家族制度如何瓦解。是我的作品中最接近通俗劇類型的一部。

＊

松竹大船・一九五三年，劇本：野田高梧、小津安二郎，攝影：厚田雄春，主演：笠智眾、原節子、東山千榮子。

46 早春

這是很久沒拍的上班族電影，我想描寫上班族的生活。大學剛畢業出社會時的喜悅、就業上班時的希望等心境漸漸消失，努力工作了三十年，也沒有像樣的成就。我想從世代的變化來捕捉上班族的生活，拍出上班族的悲哀。這是戰後我最長的一部作品，刻意避開戲劇性，一層一層堆積不怎麼起眼的場景，看完以後，仍能感受到上班族生活的悲哀。

＊

松竹大船．一九五六年，劇本：野田高梧、小津安二郎，攝影：厚田雄春，主演：池部良、岸惠子、淡島千景、高橋貞二。

47 東京暮色

有人說這作品描寫年輕女孩放蕩不羈的生活，但我的重點毋寧是在笠智眾飾演的人生：老婆跑掉的男人如何生活下去呢？這故事以上個世代為主，年輕世代只是陪襯的配角。可是，一般人的眼光似乎只看到裝飾的角色。

＊

松竹大船．一九五七年，劇本：野田高梧、小津安二郎，攝影：厚田雄春，主演：有馬稲子、山田五十鈴、原節子、笠智眾。

48 彼岸花

這是我的第一部彩色電影，因為用了山本富士子，所以想拍部華麗的喜劇片。本來我並不打算拍彩色片，但公司說，都特地請來了山本富士子，一定得拍彩色片，我只好拍了。

＊

松竹大船．一九五八年，原作：里見弴，編劇：野田高梧、小津安二郎，攝影：厚田雄春，主演：佐分利信、田中絹代、山本富士子、有馬稲子。

49 早安

這個故事是很久以前醞釀的，描述人們平常無聊話說得熱絡，一旦要談正事時，怎麼談都不投機。我一直想拍一部這樣的題材。然而真的開拍，備感棘手。我去導演協會說了這個故事，大家都覺得有趣，但是沒人舉手要拍，只好我自己來。當然，原本構思的故事更艱澀，但我年紀也大了，也會考慮是否會賣座，所以盡量拍成能讓觀眾輕鬆發笑的電影。其實，說是顧慮賣座，不如說是希望更多人來看比較好。

*

松竹大船．一九五九年，劇本：野田高梧、小津安二郎，攝影：厚田雄春，主演：笠智眾、三宅邦子、久我美子、佐田啟二。

50 浮草

溝口先生生前曾跟我說：「幫我們大映拍部片子吧！」後來，永田先生也屢屢拜託。但是我和松竹有一年一部戲的契約，通常拍完一部戲，一年的時間也過得差不多了。幸好，今年的《早安》提前完成，有時間再幫大映拍一部電影，終於實踐多年來的承諾。

我在默片時代曾經拍過這個故事，我想在北陸的雪地中重拍一次看看，於是寫了《笨拙演員》的劇本，原本打算在松竹拍。可是那一年的下雪量很少，無論到高田還是佐渡，都無法達到我要的畫面，只好暫時中止計劃。後重新改寫季節及舞臺等設定，拿到大映拍攝。

主題也是人生無常之類的老派故事，時代雖然是現代，但帶有明治時代的古風。弄成明治風格似乎不錯，但不是非要設計成明治風格不可。而且，要回溯過去的時代，在時代考證等方面相當費事。結果變成古事今說的形式。攝影師宮川一夫煞費苦心，我也終於搞懂彩色電影，不同的顏色需有不同的光量。眼睛看到的顏色和底片投映出來的顏色不同，因此，要拍出兩個顏色的對比時，如果施以同樣的光量，有一方必定報銷。這個時候有一方會變成影子，因為顏色被壓抑了。我拍這部片子後才知道這些知識。

另外，寬螢幕電影也漸漸普及。我並不打算拍攝七十釐米電影，但為了對抗這個趨勢，還是刻意一點一點地改變導戲手法。當然，這個改變不是一下子馬上變，而是在察覺不到的情況中慢慢調整。例如，特寫鏡頭變多，畫面更細膩。我最近的電影好像是日本電影中鏡頭數最多的。

＊

大映東京・一九五九年，劇本：野田高梧、小津安二郎，攝影：宮川一夫，主演：中村鷹治郎、若尾文子、京町子、川口浩。

51 秋日和

這社會常常把很簡單的事情攪在一起搞得很複雜，看起來複雜的人生，本質又其實很單純。這次的作品就是瞄準這一點而拍。這是很早以前就構思、也一直在做的。以情感表現一個戲劇很容易，哭哭笑笑，就能將悲哀、快樂的心情傳達給觀眾。但這些都只是說明而已，要訴諸觀眾的感情，必須展現那個人的性格和風格。拿掉全部的戲劇化，用不哭來展現悲傷的風格。我不描寫戲劇張力的起伏，只想讓觀眾感受人生；我試著全盤導出這樣的作品。在《戶田家兄妹》時就有這個想法，也是很難的做法。這次總算表現出來了，但還不夠完美。

＊

松竹大船・一九六〇年，原作：里見弴，編劇：野田高梧、小津安二郎，攝影：厚田雄春，主演：原節子、司葉子、岡田茉莉子。

52 小早川家之秋

小津在蓼科的日記中寫道：「自昭和三十六年二月上旬，窩居蓼科，構思《小早川家之秋》劇本。乍晴乍陰，日趨春暖。比諸常時，客人較少，不至酩酊高唱亂舞。故工作大有進展，四月二十一日脫稿。」

這是東寶寶塚的作品，攝影是中井朝一。劇組全是東寶公司的人，我沒從大船帶任何人過來，大家都非常認真，我很高興。故事的靈感來自一個常去蓼科溫泉旅遊的女孩父親突然心肌梗塞倒下，在兒女們緊張守候下，一夜過後安然痊癒的真人真事。

＊

寶塚映畫．一九六一年，劇本：野田高梧、小津安二郎，攝影：中井朝一，主演：中村鴈治郎、原節子、司葉子、新珠三千代。

53

秋刀魚之味

《小早川家之秋》在寶塚拍攝時，松竹方面不停催促盡快決定下部作品的片名，雖然暫名為《秋刀魚之味》，但是毫無腹案，確定的是不會讓秋刀魚出現在畫面上，而是一種整體感。終於要寫劇本時，業界開了一個五巨頭會議，決議不能借用其他公司的演員，只能用大船的人和自由演員，但最後仍從東寶借到加東大介。撰寫劇本時，小津的母親過世，他送葬後再回蓼科時的日記中寫著，「山下已是春光爛漫，櫻花繚亂，散漫的我卻在此處為《秋刀魚之味》煩惱。櫻如虛無僧，令人憂鬱，酒如胡黃連，入腸是苦。」

＊

松竹大船．一九六二年，劇本：野田高梧、小津安二郎，攝影：厚田雄春，主演：笠智眾、岩下志麻、佐田啟二、岡田茉莉子。

小津安二郎 生平

OZU Yasujiro 1903.12.12 ~ 1963.12.12

求學時期

出生～18歲

1903～1910

小津安二郎出生在東京舊市區深川區，次男。小津家本業是肥料批發商，家庭環境小康。從小就喜歡畫圖，就讀幼稚園時，更展現其創作天分。一九一二年，九歲時全家搬到三重縣松阪鄉下地區，只留下父親小津寅之助一人在東京，度過沒有父親的少年生活。

1916～1922

一九一六年，小津上中學，讀寄宿學校。在校時參加柔道社，同時沉迷閱讀谷崎潤一郎、芥川龍之介的作品。受到美國導演湯瑪斯・英斯（Thomas H. Ince）作品《*Civilization*》的啟發，喜歡上看電影，從此立志當導演。這段熱愛電影的時期，小津只看好萊塢電影，不看日本片。

小津因為在校行為逾矩，被趕出寄宿學校，一度遭到校方停學，這反而讓他順理成章常跑電影院。後來中學復學，仍然順利讀完畢業。一九二一年，跟著哥哥一起考大學，「故意」沒考上。最後在三重縣宮之前小學擔任代課老師，但全家搬回東京與父親同住，留下小津與妹妹在三重縣生活。

二戰前，助理、導演時期

19～32歲

1923～1931

辭去代課老師一職，搬回東京深川。在東京叔叔位於蒲田的片廠工作，擔任松竹電影公司攝影部助理兩年，結識導演清水宏。服兵役一年後，一九二六年再回到片廠復職，擔任大久保忠素的第三助導。有一天因為供餐小弟沒按順序發放咖哩飯起爭執，因而受到當時蒲田片廠廠長城戶四郎關注，提拔進古裝部當導演，拍了出道作品《懺悔之刃》。這是小津唯一的古裝電影，開始與攝影師茂原英雄與編劇野田高梧的長年合作。

初任導演前幾年，接受松竹高層安排拍攝電影，除了第一部電影為古裝默片外，大多是時裝默片，類型以喜劇為主。此時大量拍片，最多一年曾拍七部電影，最快三天完工。

二戰，從軍時期

33～45歲

1932～1936

因為出身東京舊市區，除了松竹指定的劇本外，小津還拍攝以貧苦小老百姓為主角的作品，也拍校園學生題材與上班族電影。第二十四部電影《我出生了，但……》，榮獲《電影旬報》雜誌評選為年度佳片第一名，不過票房表現不佳。接下來出品的《心血來潮》、《浮草物語》，接連拿下《電影旬報》第一名，成為時下最受矚目的新銳藝術片導演。

一九三六年與母親、弟弟搬到東京高輪一帶，屬於比較富裕的住宅區。此時，小津作品中的角色漸漸從舊市區，移轉到富裕階層。同年拍攝《獨生子》，第一部有聲電影。小津在方興未艾的有聲電影趨勢中，屬於比較晚加入行列的導演。這段期間結識不少電影創作同好，如日活的導演內田吐夢，激盪出拍攝電影的想法。其中以古裝劇鬼才的山中貞雄與小津安二郎最投緣。

1937～1939

一九三七年年初，完成《淑女忘記了什麼》拍攝，攝影師改與茂原英雄的徒弟厚田雄春合作。七月爆發盧溝橋事變，中國與日本開戰。小津被派至中國戰地打仗，加入防毒部隊。隔年年初好友山中貞雄在戰地病死，倍受打擊。一九三九年八月解召回國。

1940～1945

一九四〇年自戰地歸國後原打算拍《茶泡飯之味》，但因為戰時電影審查制度，製片進度中止。同年完成《戶田家兄妹》，於一九四一年三月上映，大受歡迎，票房非常好，徹底顛覆了小津電影不賣的風評。這時他拍片的主題與風格定型。

二次大戰結束後，四十二歲的小津安二郎淪為英軍戰俘，一九四六年被送回國。因染瘧疾，先在妹妹家靜養。小津在戰後開始思考想拍攝不一樣的東西，不過拍片方式完全沒變。唯一最大特色是拍片步調變慢，一年只拍一部片。

二戰後，導演時期

46～60歲

1946～1951

一九四八年殺青的《風中的母雞》，受到舊搭檔野田高梧的大力批評，小津本人虛心接受，接下來的所有劇本，全由兩人共同執筆。一九四九年出任日本電影導演協事業製作委員長，完成作品《晚春》。一九五一年的《麥秋》問世，榮獲藝術祭文部大臣賞。此時，與固定班底女演員原節子結婚的傳說甚囂塵上。

太平洋戰爭爆發後，被派至新加坡拍攝紀錄片。但拍片計劃中止，被留在新加坡，每天早上看書、下午打網球，晚上觀賞日軍沒收的美國電影。

1952～1957

一九五二年，四十八歲，與母親兩人定居北鎌倉，同年拍了之前擱置的劇本《茶泡飯之味》。一九五三年，完成《東京物語》的拍攝。此時正值日本電影黃金時期，不論是藝術成就或電影銷售，小津足以代表日本。同年，溝口健二以《西鶴一代女》拿下威尼斯影展金獅獎，黑澤明的《羅生門》獲奧斯卡最佳外語片……這些受到國際肯定的名單裡，卻未見小津安二郎。一九五五年接替溝口健二出任日本電影導演協會理事長。

1958～1963

五〇年代末期的日本，電視逐漸普及，法國與日本年輕導演新秀繼起。小津作品雖仍以女兒的婚事等小老百姓關切的事物為主題，但此時已漸漸受到國際上的關注。一九五八年，拍攝《彼岸花》，小津首部彩色電影。因為對黑白片的執著，所以他同樣是比較晚才開始嘗試彩色電影。同年《東京物語》在倫敦影展上獲第一屆蘇莎蘭獎，十一月獲紫授勳章。一九五九年以電影人身分第一次獲藝術院賞。

一九六二年二月，母親過世。同年完成最後一部作品《秋刀魚之味》，十一月獲選為藝術院委員。隔年六十歲，正要開始準備下部作品的劇本時，因為惡性腫瘤住院。十二月十二日過世，一輩子單身未婚。與母親一同葬在鎌倉圓覺寺，墓碑上刻著「無」字。

我面對攝影機時想到的本質，
是透過鏡頭尋回人類本來豐富的愛……
——小津安二郎

文學森林 LF0032C

我是賣豆腐的，所以我只做豆腐。

僕はトウフ屋だからトウフしか作らない

作者
小津安二郎（OZU YASUJIRO）

一九〇三年生於東京深川，一九六三年歿。日本影史十大導演。

一九二三年進入松竹蒲田片廠擔任攝影助理。一九二七年以《懺悔之刃》步上導演之路。分別在一九五八年獲頒紫授勳章、一九五九年獲頒藝術院賞，並在一九六二年榮膺藝術院會員。

小津的電影作品達五十四部（其中一部為紀錄片），早期作品產量豐富，類型非常廣泛，大多是溫馨喜劇居多。戰後則多為描寫一般庶民生活題材的電影，其中又以《麥秋》、《晚春》、《東京物語》、《秋刀魚之味》為其代表作。

譯者
陳寶蓮

曾任東吳大學講師，譯有島田洋七《佐賀的超級阿嬤》系列、吉本芭娜娜《王國》系列等書。

美術設計 陳文德
書腰照片 松竹株式會社
責任編輯 陳柏昌
行銷企劃 詹修蘋、黃蕾玲、陳彥廷
副總編輯 梁心愉
初版一刷 二〇一三年三月四日
二版一刷 二〇二三年六月二十六日
定價 新臺幣三八〇元

ThinKingDom 新經典文化
發行人 葉美瑤
出版 新經典圖文傳播有限公司
地址 臺北市中正區重慶南路一段五七號一一樓之四
電話 02-2331-1830 傳真 02-2331-1831
讀者服務信箱 thinkingdomtw@gmail.com
部落格 http://blog.roodo.com/thinkingdom

總經銷 高寶書版集團
地址 臺北市內湖區洲子街八八號三樓
電話 02-2799-2788 傳真 02-2799-0909

海外總經銷 時報文化出版企業股份有限公司
地址 桃園市龜山區萬壽路一段三五一號
電話 02-2306-6842 傳真 02-2304-9301

我是賣豆腐的，所以我只做豆腐。/小津安二郎著；陳寶蓮譯.
-- 初版. -- 臺北市：新經典圖文傳播有限公司, 2023.06
262面；14.8X21 公分. -- (文學森林；LF0032C)
譯自：小津安二郎 僕はトウフ屋だからトウフしか作らない
ISBN 978-626-7061-76-3(平裝)

1.CST: 小津安二郎 2.CST: 傳記

783.18 112008996